KB212509

부적(符籍)의 폐해 중에서

 이와 같은 부적의 효과로 *돈 많은 애인이 생긴다. *남편의 첩이 떨어지고 부부 금슬이 좋아진다. *집이 빨리 팔리게 한다. *장사가 잘되게 한다. *병이 낫는다. *시집을 잘 간다. 등등 감언이설로 사리판단을 혼미하게 만들고 물질적 손해를 끼치는 것이다.

 역술과 부적 등으로 제한하는 것이 얼마나 다양한지 그리고 까딱 잘못하면 당하는 재앙이 겁살, 재살, 천살, 지살, 년살, 월살, 망신살, 장성살, 반안살, 역마살, 육해살, 화개살, 급각살, 괴강살, 백호대살, 홍염살, 원진살 등 얼마나 많은지 모른다. 그 금하는 것이 윤리적이거나 도덕적인 것이라면 얼마나 좋겠는가. 오로지 수(壽), 복(福), 록(祿, 출세)등 요행심리를 기대하는 현세 이익적인 저급함으로 일관되어 있다.

풍수지리설(風水地理說) 중에서

 사주명리학은 천, 지, 인(天, 地, 人)을 하나로 연결되어 있다는 이론을 바탕으로 삼고 있다. ①하늘의 수많은 별들이 사람과 연결되어 그 별에서 미치는 기(氣)에 따라 운명이 좌우되며 ②그리고 땅에도 기가 있어서 그 기운(에너지) 역시 사람과 하나로 연결되어 영향을 미치고 있다는 것을 기초로 하고 있다. ③다시 말하면 사람은 하늘의 기운을 받고 땅의 정기를 받아 태어나며 그 영향력이 어떠하냐에 따라 운명이 결정된다고 믿는 것이다.

궁합(宮合)의 요설 중에서

사랑하는 남녀가 만나 결혼을 할 때 성격, 이상, 학벌, 가문, 건강, 취미, 종교 등을 비교하고 피차 사랑하고 배려하는 마음 등을 우선하는 것이 아니라 이와 같은 터무니없는 요설에 지나지 않는 사주팔자를 대입하여 그 해괴한 이론으로 '좋다. 나쁘다.' 는 얽어매는 해석을 듣고 인생의 가장 신성하고 소중한 혼인을 결정한다는 것은 너무도 어처구니없는 난센스라 하지 않을 수 없다.

띠 - 천간(天干)과 지지(地支) 중에서

강남의 유명한 역술인들의 점집에 『기독교인 환영』이라고 공공연히 광고하고 있다. 점집의 최고의 고객은 권사님, 집사님들이라 하며 고객 30%가 교회에 다니는 사람들이라고 한다.

승리는 최후의 5분 중에서

"인생의 종말에 이르러 잘못된 삶을 살아왔다는 것을 깨닫는 것보다 더 불행하고 비참한 일은 없다. 왜냐하면 우리가 살아야 할 인생은 오직 하나 뿐이기 때문이다."

인생의 마지막을 아름답게 마치는 것이 얼마나 소중한 것인가. 과연 우리의 남은 년수는 얼마나 될까를 헤아리며 남아있는 기회를 아름답게 마무리하는 지혜를 가져야 할 것이다.

사주팔자(四柱八字) 중에서

우리나라의 현재의 사회상은 송나라 말기와 너무도 유사하다. TV드라마나 사극에서는 역술이나 무속인이 행세하고 무속인이 주제인 연속극의 시청률이 50%라고 한다. 정부에 법인으로 설립 허가받은 '한국 역술인협회'에 등록된 회원 숫자가 30만 명, 무속인연합회 회원도 역시 30만 명이 넘는다고 하며 그밖에 등록되지 않은 역술인과 무속인은 훨씬 많을 것으로 추정할 수 있을 것이다. 저들에게 흘러가는 돈이 년 4조원– 6조원이라고 조회된다. 최근에는 많은 중고생들도 인터넷이나 스마트폰으로 점을 치거나 사주팔자 등 운명을 조회한다고 하며 신촌 등 명문대 주변에는 사주카페나 철학관등이 호황을 누린다고 한다.

김일성 주체사상 연구 중에서

이와 같이 희한하고 어처구니없는 광신적인 주체사상을 추종하고 신봉하는 친북 종북 세력들이 지금 우리들 중에 남한 내에 얼마나 많이 있는지 정부당국은 제대로 파악하고 있는지 모르겠다. 저들은 민주주의와 인권, 언론자유, 그리고 친일청산과 반미를 주장하면서 여론을 호도하고 거짓 선전 선동으로 집단 행동을 하며 정치계와 교육계, 종교계 법조계까지 기승을 부리고 활개를 치고 있다.

머 리 말

지금 우리나라는 해방 이후 세계가 부러워하는 놀라운 발전과
경제성장을 이룩했으나 그 축복의 영적기반인 기독교 복음의
영향력이 점점 퇴색되어가고 있습니다.

더 우려스러운 현상은 국민 73%가 역술인과 무속인들을 신뢰
하고 기독교인의 30%가 은밀히 역술원이나 점집을 찾는다는
이 불편한 진실을 간과하고 있습니다.

대형 일간지마다 나이와 띠를 짚어 운세를 보는 고정란이 있어
서 신문을 구독하는 지식인들도 대부분 검색을 하고, TV 방송
에 무속인, 역술인, 풍수지리 전문가들이 출연하여 상담을 하
는 프로가 시청률이 높고, 스포츠 신문이나 주간지 등에 무속
인 역술인들의 광고가 넘쳐나고, 대학촌, 인터넷, 스마트폰 등
에서 가정주부, 대학생, 중고생들의 67%가 점을 본 경험이 있
거나 볼 계획이라고 조사되고 있습니다.

정치인, 기업인들은 역술인을 책사로 삼고 조언을 구하고, 선
거철, 입시철에는 역술원과 점집이 문전성시를 이루고 역술학,
관상학, 풍수지리, 민속문화과 등 학과를 개설한 대학이 전국
에 10여개나 있는 시대입니다.

지금 우리는 무속과 역술이 걷잡을 수 없게 발호(跋扈)하는 시대를 살고 있습니다.

어느 시대에나 무속인이나 역술인들이 기승을 부릴 때 백성들의 정신은 혼미해지고 사회는 갈등과 혼란이 왔으며 결국 나라는 멸망하고 말았습니다.

북한은 사이비 종교 교주같은 김일성 주체사상 신격화 세뇌정책으로 2,400만 동포들이 생지옥과 같은 참상을 겪고 있음에도 남한 내에 얼마나 많은 종북 주사파들이 활개를 치며 이적 행위를 하고 있는지 모릅니다. 일본은 위안부 문제 등 전쟁범죄를 반성하기는커녕 군국주의 망령이 다시 살아나 적반하장 독도를 자기네 땅이라고 영토분쟁에 광분하고 있습니다.

이와 같은 기이한 현상들의 그 영적 배후세력을 하나님의 시각으로 분별해 보려 했습니다. 이 책을 통하여 그리스도인들이 혼탁한 이 시대를 명확히 분별하게 되었으면 좋겠습니다.

2014년 1월   저자 박승학

목　차

제 1 편

기독교 입장에서 본 역술

1. 띠 - 천간(天干)과 지지(地支)

2014년을 갑오년 말띠, 2015년은 을미년 양띠라 한다. 사람들은 매년 정초가 되면 그 해의 띠를 짚어 자신의 운명이나 길흉(吉凶)을 알고 싶어 한다. 통계에 의하면 우리나라 국민들의 73%가 사주팔자나 풍수지리, 부적, 띠 등을 신뢰한다고 조사되고 있다.

강남의 유명한 역술인들의 점집의 최고의 고객은 교회 권사님들이라 하며 『기독교인 환영』 이라고 공공연히 광고하고 있는 실정이다. 왜냐하면 평신도 뿐 아니라 집사, 권사 등 역술인들의 고객 30%가 교회에 다니는 사람들이라고 한다. 특히 선거철이나 입시를 앞두고 문전성시라 하니 이런 한심한 일이 어디 있는가. 현대인들은 똑똑 한 척 하지만 영적으로 얼마나 어리석은가를 보여준다. 이와 같이 역술인들을 믿고 저들의 감언이설의 미혹을 받고 살아가는 사람들은 그 폐해(弊害)가 얼마나 심각한지 정확히 알아야 할 것이다.

특히 우주 생성의 근원과 종말, 인류 생사화복의 분명한 진리 위에 현대과학과 정신문명을 발전시킨 성서를 신뢰하는 그리스 도인들까지 이와 같은 사탄의 속임수인 역술인들에 의하여 정신적 지배를 받고 산다면 한국교회는 그 책임을 통감해야 한다.

기독교 신앙은 하나님의 말씀을 수용하고 그 말씀의 지배를 받아 살아가며 그 약속의 말씀이 성취되는 삶이다. 그러나 교회에 출석하여 말씀을 듣거나 성경을 읽으면서도 내면에는 역술인들에게 들은 말이 잠재되어 지배를 받는다면 그는 역술인의 말을 믿는 귀신의 백성이라 해도 지나친 말이 아니다. 그리스 도인이라면 그 생각과 마음으로 하나님 말씀을 얼마나 어떻게 신뢰하고 성취되느냐로 평가해야 하기 때문이다.

이 시대와 한국교회가 과학을 뛰어넘는 고귀한 영성을 지닌 성서의 말씀을 따라 사는 것이 아니라 역술인들의 혼미케 하는 감언이설을 신뢰하고 살아간다면 미개한 12세기(1135년경 宋나라 서자평(徐子平)이 사주팔자 이론을 정립한 시기) 문명의 지배를 받는 어리석은 사람이라 평가할 것이다.

이에 필자는 ①띠 - 천간(天干)과 지지(地支)에 대하여 ②사주팔자(四柱八字)에 대하여 ③풍수지리에 대하여 ④부적에 대하여 ⑤궁합에 대하여 ⑥무속에 대하여 ⑦역술의 종주국 송나라가 역술로 인하여 멸망한 비사에 대하여 ⑧역술로 인한 피해 사례에 대하여 짚어 나갈 것이며 귀신들의 속임수를 분별하여 과연 어떤 지성과 영성을 지녀야 할지 밝혀보려 한다.

첫째. 띠에 대하여 – 천간(天干)과 지지(地支)

천간과 지지의 기원은 고대 중국인들이 인간의 생사화복을 하늘이 정한 천명(天命)과 땅의 정기를 받아 결정된다고 생각하여 약 3700년(B.C 1700년) 전 중국 상왕조와 은나라. 주(周)나라 시대의 여러 인물들에 의해 발전되어오다 송(宋)나라의 서자평(徐子平)이란 인물이 연월일시(年月日時)를 동시에 따지는 〈연해자평(淵海子平)〉을 저술하여 사주 방법을 만들었다고 전해져 오고 있다.

1. 천간(天干)은 갑(甲), 을(乙), 병(丙), 정(丁), 무(戊), 기(己), 경(庚), 신(辛), 임(壬), 계(癸)의 10가지로(십간: 천간을 十干으로도 지칭함) 하늘의 기운과 만물의 탄생, 성장, 흥성, 쇄락의 모든 과정을 의미한다는 주장이다.

① 갑(甲)은 '갑옷'이며 만물이 껍질을 깨고 나온다는 뜻이고, ②을(乙)은 '밀치다'는 뜻으로 만물이 성장한다는 의미이며, ③병(丙)은 '빛나다'는 뜻으로 만물이 무성하다는 의미다. ④정(丁)은 '건장하다'라는 뜻으로 튼튼하고 기운이 강해진다는 의미이고, ⑤무(戊)는 '무성하다'는 뜻으로 만물이 번창하다는 뜻, ⑥기(己)는 '일어나다'는 뜻으로 만물이 일어난다는 의미다. ⑦경(庚)은 '바꾸다'는 뜻으로 가을에

수확한 후 봄을 기다린다는 의미로, ⑧신(辛)은 '새롭다' 는 뜻으로 만물이 새롭게 과일을 낸다는 의미이며, ⑨임(壬)은 '잉태하다' 는 뜻으로 음기가 모여들어 만물이 만들어지는 형상이고, ⑩계(癸)는 '헤아리다' 는 뜻으로 만물이 싹트는 형상이라는 그럴듯한 해석이 나온다.

위 10가지 뜻과 의미는 십간(十干)의 글자를 대입하여 합리화시킨 이론일 뿐이다. 영성을 지닌 상위단계에는 미치지 못하는 낮은 수준이기 때문이다.

2. 지지(地支)는 자(子), 축(丑), 인(寅), 묘(卯), 진(辰), 사(巳), 오(午), 미(未), 신(申), 유(酉), 술(戌), 해(亥) 12가지로 땅의 기운을 의미하며 사물의 발전과 변화의 과정을 나타낸다고 한다.
여기서 지지(地支)를 상징하는 12가지 동물과 그 해석 의미를 보자. ①자(쥐): 자(子)는 '움트다' 는 뜻으로 만물이 무성하다는 의미이고, ②축(소): 축(丑)은 '묶다' 는 뜻이며, ③인(호랑이): 인(寅)은 '펼치다' 는 뜻으로 만물이 성장하기 시작한다는 의미다. ④묘(토끼): 묘(卯)는 '돌진하다' 는 뜻으로 만물이 흙 밖으로 나온다는 의미이고, ⑤진(용): 진(辰)은 '펴다' 는 뜻으로 만물이 펼치고 진작하는 것을 의미하며, ⑥사(뱀): 사(巳)는 '이미' 의 뜻으로 만물이 이미 성장했다는 의미다. ⑦오(말): 오(午)는 '대등하다' 는 뜻으로 만물이 왕성한 시기를 지나 음양이 교차하는 때가 왔음을 의미하고, ⑧미

(양): 미(未)는 '맛' 과 같이 만물이 성장하여 맛을 지니고 있음을 의미하며, ⑨신(원숭이): 신(申)은 '몸' 과 같고 만물이 처음 형체가 만들어짐을 의미한다. ⑩유(닭): 유(酉)는 '열매' 와 같고, 만물이 매우 성숙했음을 의미하며, ⑪술(개): 술(戌)은 '소멸하다' 는 뜻으로, 만물이 소멸하여 흙으로 돌아감을 뜻하고. ⑫해(돼지): 해(亥)는 '씨' 와 같아 만물이 씨가 됨을 의미한다는 주장이다.

위 해석은 상형문자로 그렇다 치더라도 의미는 전혀 일치하지 않고 어설픈 조합이다. 또 이 12가지 동물들은 대부분 중국, 한국 등 아시아권 동물이며 아프리카나 아메리카 등에 서식하는 코끼리, 사자, 곰, 기린, 악어, 하마, 고래 등 수많은 동물들은 제외됐다. 그렇다면 이를 근거한 역술은 동양인의 전유물일 뿐, 서양인들은 해당되지 않는가. 조금 웃기는(어색한) 논리라 생각되지 않는가.

각 사람의 띠는 이 천간(天干)의 십간(十干)과 지지(地支)의 십이지(十二支)를 1:1로 조합하여 만들어 내며, 이와 같은 12개의 띠와 회전하는 한 바퀴 60년을 육십갑자라 하여 고대 중국에서 사용했던 주기이다. 그 다음해인 진갑이 다시 시작하는 해라는 이 이론을 어떻게 수용해야 할까.

역사적인 사건이 일어난 해(年)를 나타낼 때 이 간지(干支)를 사용하여 을미사변(乙未事變: 1895년, 민비(명성황후) 시해)

또는 병자호란(丙子胡亂: 인조(仁祖) 14년, 1636년), 임진왜란 (壬辰倭亂: 선조(宣祖) 25년, 1592년) 등 모두 육십갑자표(六十甲子表) 간지(干支)를 사용하여 사건발생 시기를 나타냈다. 이 때문에 간지(干支)를 알아야 역사와 문헌(文獻)을 이해하고 조상의 생활양식과 문화유산(文化遺産)을 바로 인식하며, 후손들에게 물려 줄 수 있다.

그러나 인류는 동물을 상징하는 띠(동물)를 만물의 영장인 사람에게 대입하여 그 운명을 점(占)치는 문화를 거부해야 한다. 내년을 계사년((癸巳年)), 뱀의 해라고 이를 근거로 하는 사주팔자나 궁합 같은 귀신들의 사기술(詐欺術)에 속아서는 안 된다. 간혹 역술인이나 무속인들이 과거를 맞추는 경우는 있지만, 이는 귀신들이 하는 것이고 미래에 대한 길흉화복을 예언하는 것은 속임수에 지나지 않음을 인지해야 한다.

이 시대와 한국교회는 사탄의 문화인 천간(天干)과 지지(地支)로 얽어매는 요설(妖舌)과 해괴한 사술(邪術)의 굴레를 벗어야 한다.

2. 사주팔자(四柱八字)

1. 송나라의 멸망 원인

중국 상해 여행을 가 본 사람이라면 제작비 60억이 들었다는 환상적인 '송성가무(宋城歌舞)쇼'를 관람했을 것이다. 그 쇼의 역사적 배경인 송나라시대는 고대 도교(道敎)로부터 전래되어 온 주자학(朱子學), 성리학(性理學), 양명학(陽明學) 등을 심오한 학문이라 여기고 『위로는 왕후장상(王侯將相)에서 아래로는 평민에 이르기까지 사주학에 빠져들지 않는 이가 없었다.』는 기록처럼 온 나라가 명리학과 음양오행설 풍수지리설 등 정신적 영적 지배를 받고 있었던 시대였다.

AD 1126년 금나라의 침공을 받았을 때 전쟁을 피하려 금 500만냥, 은 5,000만 냥, 비단 100만 필 등을 뇌물로 바치고 불가침 평화조약을 맺었으나 4개월 후 다시 침공하니 제대로 싸워보지도 못하고 휘종(8대 왕)과 흠종 두 임금은 16,000여 명의 황족 등 귀족들과 함께 포로로 끌려가고 모든 재물을 노략질 당하고 나라는 쑥대밭이 되어버렸다. 기록에 보면 휘종은 도교를 숭상하여 도교 사원을 크게 지었으며 자칭 '도군황제' 라 지칭하기도 했던 인물로 금나라에서 그를 정신이 혼미하다는 '혼덕공(昏德公)'이라는 흠종에게는 '중혼후(重昏侯)'이라는 모욕적 이름을 붙여 주었다.

남쪽으로 밀려나 항저우에 도성을 정하고 겨우 명맥을 유지하여 왕이 된 고종(高宗-휘종의 9남, 흠종의 아우)도 역시 역술과 음양오행설을 버리지 못하고 중국 역사상 가장 존경받는 군사 전략가이며 충신인 악비(岳飛)장군(우리나라의 이순신장군과 비견되는 인물)이 간신 진회(秦檜)에게 모함을 받고 죽은 내용이 '송성가무(宋城歌舞)쇼' 의 줄거리이다.

사주명리학의 경전으로 평가받는 연해자평(淵海子平)을 저술한 서자평이 생존했던 위에 언급한 송나라는 중국 역사상 가장 경제와 문화가 번영하던 시대였다. 인쇄술의 발달로 종이화폐를 발간하고 풍부한 물자를 운반하는 운하와 조선기술과 농업기술의 발전으로 인구가 1억 명에 달하는 자유와 풍요를 누리던 시대였다. 그러나 온 나라가 역술에 의하여 합리적인 판단을 망각하고 군인들을 멸시하고 국방력을 강화하기는커녕 명리학과 음양오행설의 조화로 나라를 지킬 것이라 굳게 믿고 유유자적하다가 결국 비참하게 멸망하게 된 것이다. 송나라의 몰락원

인을 이중간첩 진회(秦檜)에게 있다고 하지만 실상은 이와 같
은 역술을 추종하던 종교적 배경 까닭이었다고 보는 것이 더
정확하다.

2. 우리나라의 현재의 상황

 우리나라의 현재의 사회상은 송나라 말기와 너무도 유사하다
고 여겨진다. TV드라마나 사극에서는 역술이나 무속인이 행세
하고 최근 무속인이 주제인 '해를 품은 달' 이라는 연속극은
시청률이 50%에 육박 된다고 한다.

정부에 법인으로 설립 허가받은 '한국 역술인협회'에 등록된
회원 숫자가 30만 명, 무속인연합회 회원도 역시 30만 명이
넘는다고 하며 그밖에 등록되지 않은 역술인과 무속인은 훨씬
많을 것으로 추정할 수 있을 것이다. 저들에게 흘러가는 돈이
년 4조원- 6조원이라고 조회된다. 최근에는 많은 중고생들도
인터넷이나 스마트폰으로 점을 치거나 사주팔자 등 운명을 조
회한다고 하며 신촌 등 명문대 주변에는 사주카페나 철학관등
이 호황을 누린다고 한다.
대학에서는 풍수명리과, 전통문화과 등이 정식 학과로 등록되
고 역술인이 교수로 행세하며 최근 모 대학의 '역술로 본 한
국의 선거문화' 란 주제의 세미나에서는 금년의 정치동향을 역
술과 풍수지리로 풀어 예언하기도 한다. 특히 금년과 같은 선
거가 있는 해는 많은 정치인들이 길흉을 점치려고 저들을 찾아

온다고 한다. 저들은 그 애매하고 혼미한 사주팔자나 음양오행
이론을 전개하여 그 교묘한 요설로 홀려 판단력을 흐려놓고 얽
어매어 그 길흉화복에 대한 비책으로 고가의 부적을 팔거나 이
름을 바꾸게 하여 이익을 챙기거나 무속인과 연계하여 굿판을
벌리게 하기도 한다. 이와 같이 빠져들다 보면 결국 돈도 영혼
도 다 망가지고 패가망신하게 되는 경우가 허다하다.

3. 사주란 무엇인가.

 사주(四柱)는 사람이 태어난 연월일시(年月日時)를 중국문화권
에서는 세로쓰기를 하므로 네 개의 기둥이라 하는 것이다. 이
때 생년(生年), 생월(生月), 생일(生日), 생시(生時)를 육십갑자
로 표기하면 사용된 글자가 여덟 글자가 되므로 팔자(八字)라
고 하는 것이며 그러므로 사주와 팔자는 같은 것이다.

사주명리학 이론에서는 사람의 출생한 연월일시가 모두 다르기
에 그의 운명이 이 사주팔자(四柱八字)에 따라 달라진다는 것
이다. 이는 하늘, 땅, 사람(天地人)의 세 가지가 유기체적인 관
계를 지녔다는 이 합일사상을 지극히 당연하다고 믿는 전제에
서 시작한다. 사주팔자를 만세력(萬歲曆)에 대입하여 해석을
하면 음양의 조화와 오행의 상생상극 관계를 추리할 수 있으며
그 결과로 그 사람의 운명과 길흉화복을 예측한다는 것이다.
명리학에서 사람이 어머니 뱃속에서 태어나는 순간, 탯줄을 자
르는 순간이 중요하다는 것이다. 왜냐하면 그 순간 우주 공간

에 떠 있는 음양오행(해와 달, 그리고 5개의 별 화성, 수성, 목성, 금성, 토성)의 위치에 따라 그 사람에게 각기 다른 에너지(氣)가 들어가게 된다는 것이다. 우주의 별들은 각기 다른 에너지와 자력이 있어서 이것이 탯줄을 자르는 순간 아이의 몸속으로 들어가서 그 운명을 결정짓는다는 것이다. 탯줄을 자르는 순간 태양은 어디에 달은 어느 방향이고 그 밖의 별들은 어디에 있었는가를 만세력(萬歲曆)을 따져서 계산한다는 것이다. 우주의 수많은 별들 중에 사람의 운명을 결정짓는다는 별을 7개만 선정했는데 그 이유는 여타 다른 별들이 너무 많아 계산하기가 복잡하여 7개만 추렸다는 것이다.

그러면 태어난 연월일시가 똑 같은 사람은 그 운명도 그 사주팔자에 따라서 똑 같아야 한다. 그러나 수많은 사람들의 사례를 통하여 조사해 보면 동일하지 않다는 것이 입증되어 왔다.

조선의 영특한 임금 중에 성종(成宗)은 자신과 사주팔자가 똑 같은 사람을 찾아내니 도성 내에 사는 과부였다고 한다. 그 과부는 성종이 세자로 책봉되던 해 어머니와 사별했고, 성종이 임금이 되던 해에는 남편과 사별했더라는 것이다.
21대 영조(英祖)임금 역시 전국에 령을 내려 자기와 사주가 똑 같은 사람을 강원도에 사는 투박하고 시커먼 농부를 찾아냈다고 한다. 그는 신하들이 일러 준 말대로 "전하는 팔도강산을 다스리시지만 소인은 밭 여덟 두락에 농사를 짓고, 6조 대신은 없으나 여섯 아들이 있습니다." 라고 했다고 한다.

최근 역술에 대한 모TV 방송에서 사주팔자를 믿고 제왕절개수술로 아이를 낳은 어머니의 인터뷰가 있었다. 역술인이 지정해준 그 날자와 시간이 최상의 사주팔자일로서 판사나 검사 법관이 될 운명이라고 하여 그 말을 철석같이 믿었는데 그 아들은 지금 군에 입대중이며 판검사의 가능성이 없는 평범한 아이라고 한다. 그분은 사주팔자는 믿을게 못되며 허황된 것이라고 말한다.

4. 역술의 폐해

이스라엘 역사에서도 산당·신당·우상의 제단이 온 나라에 성행할 때 외국의 침략을 받거나 멸망했던 것을 역사를 통하여 살펴 볼 수가 있다.

나라의 흥망성쇠나 개인의 성공 실패는 사주팔자나 운명에 의한 것이 아니라 어떤 꿈과 목표를 바라보고 어떻게 도전하고 노력했느냐의 결과로 이루어지는 것이다. 운명은 절대로 정해진 것이 아님을 기억해야 하며 사주팔자에 무슨 비밀이나 있는 것처럼 속지 말기 바란다.

역술인들의 사주팔자나 길흉화복의 예언, 무속인들의 부적이나 굿 등은 재물과 지성과 영혼을 도둑질해가는 거짓 속임수라는 것을 우리시대의 모든 사람들이 깨달았으면 좋겠다.

『보라 내가 오늘 생명과 복과 사망과 화를 네 앞에 두었나니 네 하나님 여호와를 사랑하고 그 길로 행하며 그 명령과 법도를 지키라 그리하면 네가 번성할 것이요 네게 복을 주실 것이라.』(신명기 30장15-16절)

3. 풍수지리설(風水地理說)

1. 쇠말뚝 사건

 2011년 11월 19일 KBS보도에 의하면 북한의 개성 송악산에
서 일제(日帝)가 전국 명산마다 민족의 맥을 끊어 놓으려는 의
도로 박아놓았다는 쇠말뚝을 북한당국이 제거했다는 보도가 있
었다. 개성지역의 송악산, 천마산, 지네산 등에는 좋은 정기가
있어서 예로부터 장사가 많이 난다고 그 맥을 끊으려고 쇠말뚝
을 박았다는 것이다.
2010년 3월 1일에는 안양 삼성산 삼성천에서 소위 민족정기선
양위원회 소모 회장, 안양시장, 안양시의회의장 등이 참석한
가운데 역시 쇠말뚝 제거 행사가 있었다.
이 자리에서 풍수지리연구소장이란 분은 "쇠말뚝이 박혀있는
계곡은 갈마음수형(渴馬飮水形)자리, 즉 일제가 혈침을 박아
목마른 말이 물을 못 마시게 하듯 삼성산에서 안양으로 향하는

좋은 기운과 젖 줄기를 차단했을 것이 분명하다"고 주장했다. 시장, 시의회 의장 등이 제례복을 입고 쇠말뚝 제거를 고하는 제사를 드렸는데 강신(降神), 초헌(初獻), 기원문봉송(祈願文奉頌), 아헌(亞獻), 종헌(終獻)례, 소지례, 음복례, 철상 등의 순으로 진행되었다. 여기서 강신(降神)은 귀신이 임하기를 기원하는 제사임이 틀림없다.

이와 같은 쇠말뚝 제거작업은 일본이 조선의 민족정기를 끊어 놓으려고 전국 명산 중요한 정기가 흐르는 곳에 전국 365개(남한 183개, 북한 182개)를 박아 놓았는데 이를 찾아내어 제거해야 한다는 것이다. 이와 같은 보도는 친일청산과 역사바로세우기운동과 어울려 일제에 대한 국민들의 공분을 자아내기에 충분한 뉴스거리가 되고 있다.

이에 1995년 2월 15일(김영삼 정부)에는 국무회의에서 「일제쇠말뚝」 제거 "민족정기 회복" 정부지원 계획안을 의결했다. 일제가 박은 독침과 같은 쇠말뚝을 정부가 예산 장비 인력 등을 지원하여 제거한다는 것이다. 이는 터무니없는 풍수지리설에 근거한 것이다.

일제의 쇠말뚝 음모를 주장하는 분들에 따르면 일본 패망 후 전범 재판 시 야마시타(山下奉文) 육군대장의 영어 통역관이 한국인 신세우 씨였는데 형 집행 직전 조선 땅에 쇠말뚝을 박았다는 비밀을 그에게 털어놓았다는 것인데 그러나 당시 재판

기록문서등을 조사한 결과 조선인 통역관이 없었고 터무니없는 소설이라고 밝혀졌다. 또한 일제는 풍수지리를 신뢰하지도 않고 풍수지리를 근거로 산의 맥을 끊고 민족정기를 차단하려고 쇠말뚝을 박았다는 기록이나 증인이 아무리 찾아도 없다고 확인되고 있다.

2. 음양오행설과 풍수지리설과 도교(道敎)

풍수지리설이나 음양오행설의 근본인 도교(道敎)는 본래 중국 고대로부터 유래되어 온 『민간 신앙과 정령숭배를 기반으로 하는 신선사상(神仙思想)을 중심으로 삼고 있으며, 거기에 도가(道家), 역(易), 음양오행(陰陽五行), 복서(卜筮), 점성(占星) 등의 이론과 무격(巫覡: 무당과 박수)신앙을 가미하고, 그 위에 불교를 결합한 불로장생(不老長生)과 수(壽: 장수), 복(福: 오복), 록(祿: 높은 벼슬)을 구하는 현세 이익적인 자연 종교.』라고 정의하고 있다.

도교와 사주명리학은 천, 지, 인(天, 地, 人)을 하나로 연결되어 있다는 이론을 바탕으로 삼고 있다. 1) 하늘의 해와 달, 그리고 수많은 별들이 사람과 연결되어 그 별에서 미치는 기(氣)에 따라 운명이 좌우되며, 2) 그리고 땅에도 기가 있어서 그 기운(에너지) 역시 사람과 하나로 연결되어 영향을 미치고 있다는 것을 기초로 하고 있다. 3) 다시 말하면 사람은 하늘의 기운을 받고 땅의 정기를 받아 태어나며 그 영향력이 어떠하냐에 따라 운명이 결정된다고 믿는 것이다. 탯줄을 자르는 순간 음양(陰陽)과 오행(수성, 화성, 금성, 목성, 토성)을 만세력(萬歲曆)을 통하여 계산하면 태어나는 순간 그 방향에 따라 에너지(기운)가 그 아기에게 들어가서 운명이 결정된다고 믿는 것이 사주팔자라고 이미 지난번 칼럼에서 언급했다.

역술인들은 사주팔자의 이론은 미신이 아닌 통계학이라고 주장한다. 만일 그 주장을 믿는 사람들은 위에서 언급한 천, 지, 인(天, 地, 人)의 이론을 제대로 인지하기 바란다.

풍수지리학에서는 땅에(특히 산의 지형과 산맥과 모양에 따라) 정기가 흐르고 그 에너지로 지역이 번성하거나 영웅호걸이 출현한다고 믿는 것이다. 조상의 묘자리 역시 산의 형세나 산맥을 따라 좋은 정기가 있어서 그 정기에 의하여 자손이 번성하고 출중한 인물이 난다는 것이다.

그러므로 일제가 우리나라의 중요한 산 정상이나 정기가 흐르는 자리마다 찾아다니며 기를 끊어놓기 위하여 쇠말뚝을 박아놓았다는 주장이다.

3. 풍수지리설의 한심한 폐해

2003년 천성산을 관통하는 한국고속철도(KTX) 터널공사가 자연경관 훼손과 생태계가 파괴되어 도롱뇽이 살수 없다는 구실로 지율이란 여자 승려가 단식을 하며 크게 뉴스화 된 적이 있었다. 이로 말미암아 총 289일간 국책사업이 중단되고 시공업체가 밝힌 직접적인 손실액만 145억 원, 한편 2조원의 손실이라고 평가하는 사람도 있었다.

그 반대의 중요한 이유가 자연훼손과 생태계파괴가 아니라 『풍수지리적으로 지맥(地脈)을 끊게 된다고 이유를 대다가 말이 바뀌어서 도롱뇽 타령이 나왔다는 것이다.』 라는 기사가 있었다.

2012년 1월 31일 행정안전부에서 맹형규 장관은 "백두대간의 끊어진 허리를 이어 민족정기와 얼을 되찾는 사업" (이는 풍수지리설을 주장하는 역술인들의 주장)을 총 557억 원의 예산을 들여 매년 1-2곳씩, 늦어도 2020년까지 복원사업을 완료할 예정이라고 발표했다. 고속도로로 인하여 야생동물의 통로가 끊어진 곳이거나 생태계가 파괴된 것을 복원하는 것만이 아니라 일제가(사실도 확인되지도 않은) 산의 정기를 차단했다는 주장을 믿고 산맥을 복원하는 등 국고를 낭비하는 국책사업이 합당하냐는 반론을 필자는 제기한다. 풍수지리설에 의한 한심한 폐해가 얼마나 심각한가를 생각해 보아야 한다.

그렇다면 과연 산의 혈이나 정기가 있어서 그 에너지로 인하여 인물이 태어나고 가문이 흥성하고 나라가 발전하느냐, 그리고 산을 파헤치고 터널을 뚫거나 쇠말뚝을 박으면 땅의 기운이 차단되어 나올 인물이 안 나오고 나라의 발전에 지장이 있느냐는 것이다. 이는 한마디로 허무맹랑한 주술적 요설(妖舌)에 지나지 않은 것이다.

일제가 그렇게 쇠말뚝을 박고 산의 허리를 잘라놓고 나라의 정기를 차단했다는데 해방 이후에 우리나라는 얼마나 발전했는가. 장차 일본은 몰락할 것으로 예측되지만 한국의 가능성은 무한하다고 생각되지 않는가.

정주영 같은 인물, 일본이 부러워하는 이건희 같은 인물, 중국이 부러워하는 박태준 같은 인물도 한국에서 나왔다. 등소평은 중국에는 박태준 같은 인물이 없어서 포항제철 같은 기업을 만들 수 없다고 탄식한 적이 있었다. 김연아 선수, 배용준 등 그 밖의 한류스타들은 어떻게 쇠말뚝을 박고 정기를 끊어 놓았는데 나왔을까. 오히려 역설적이지 않는가.

우리민족의 저변(低邊)에는 사주팔자나 풍수지리 등 역술을 의심치 않고 믿는 종교성이 의식화되어 있다. 이 사주팔자와 음양오행설이나 풍수지리설이 함께 어우러져 불교와 무속인들과 『초록이 동색』이란 말처럼 함께 공존하고 있다고 보아야 한다.
이와 같은 역술이 얼마나 사람들의 판단력을 흐려놓고 발전을 가로막고 세상을 혼란케 하는지 분별해야 할 것이다. 온 나라가 터무니없는 역술에 놀아나서는 안될 것이라 생각된다. 정부

당국도 정신을 차리고 백성을 혼미케 하고 결국 나라를 망하게
하는 역술과 풍수지리설을 배척해야 할 것이다.

4. 부적(符籍)

1. 드라마 속의 역술, 무엇이 문제인가

MBC 인기드라마 『해를 품은 달』은 정은궐 작가의 픽션소설로 조선시대 임금 이훤(김수현 역)과 기억상실증의 무녀(巫女) 월(한가인 역)과의 애절한 사랑을 그린 수목드라마로 2012, 2월 29일 17회 방송 시청률이 49.6%를 기록, 세계적 한류드라마인 『대장금』(최고 시청률 50%기록)과 비견되는 인기드라마로 평가받고 있다.

드라마 내용은 조선시대의 왕궁에 실존했던 왕실전속 무속기관인 성수청의 무속인들을 작가의 의도대로 구성한 소설로 여주인공 무녀 월이 임금에게 일어날 액운을 대신 받는 '액받이 인간부적(人間符籍)'이라는 것이다. 그러나 극중 액받이 무녀나 여러 형태의 희한한 일들은 실존하지 않았다고 확인되고 있다.

이 드라마의 높은 시청률은 우리사회에 무속인과 역술, 그리고 부적의 영향력을 신뢰하는 사람들이 국민 전체의 73%라는 통계가 거짓이 아님을 보여주는 것이라 생각된다. 또한 이와 같은 드라마로 인하여
① 무속인들을 홍보, 미화하고
② 부적(符籍)이 액운을 막는 효과가 있다는 등의 암시가 국민들의 정신세계를 얼마나 혼미케 할까하는 우려를 숨길 수가 없다.

2. 사주명리학의 기초인 천 · 지 · 인(天 · 地 · 人)에 대하여

 하늘의 수많은 별들이 각기 자전과 공전을 하며 우주를 유영하는 것은 저절로 또는 스스로 이루어 질 수 없는 것이다. 질서는 우연히 이루어 질 수 없는 것이며 어떤 설계와 지혜가 있어야 가능한 것이다. 그러므로 현대과학에서 우주의 기원과 생성을 『지적설계론』이 가장 설득력이 있다고 신뢰하고 있는 것이다.
하늘의 수많은 별들과 땅과 바다와 그 가운데 존재하는 만물들은 지적설계에 의하여 만물의 영장인 사람을 배려하여 존재하는 부속물임을 인지해야 한다.

『또 내가 크고 흰 보좌와 그 위에 앉으신 이를 보니 땅과 하늘이 그 앞에서 피하여 간 데 없더라.』(요한계시록 20장 12절) 『내가 새 하늘과 새 땅을 보니 처음 하늘과 처음 땅은 없

어졌고 바다도 다시 있지 않더라.」 (요한계시록 21장 1절)

위 성서 말씀대로 하늘도 땅도 마지막 때가되면 소멸되어 없어져 버릴 소모품에 지나지 않으며 오로지 사람의 생명(靈魂)만이 영원히 영존하게 될 것임을 모든 인류는 인지하고 확인해야 한다. 그 천체의 별들은 각기 자력을 지니고 있어서 질서를 유지하는 것이 틀림없다.

사주명리학에서의 천·지·인(天·地·人)이 하나로 연결되어 있어서 별들의 기(에너지)가 사람(어린아이)의 몸속에 들어가 사람의 운명이 결정된다는 이 기본이론은 터무니없는 상상과 가설에 지나지 않는 것이다.

3. 그러면 부적(符籍)이란 무엇인가?

위에서 언급함 같이 우주와 산과 바다와 땅은 모두 인간을 위하여 인간중심으로 창조되었음을 알지 못하고 있을 때 우주와 인류가 어떻게 시작되었으며 인간이 존재해야 할 목적을 알지 못하던 미개한 시대에 나름대로의 여러 종교들이 생겨났고 이와 같은 어리석고 혼탁한 사주명리학, 음양오행, 풍수지리, 부적과 같은 역술이 세월이 지나면서 체계화 된 것이다.

부적(符籍)이란 : 노란종이 등에 그려진 각종 그림과 글자의 형태들이다. 그 그림과 글자는 우주의 각종 기(氣)를 부호화(符號化)한 것이라 주장하며 부적의 형상 에너지와 우주의 파동에너지가 일치할 때 공명, 진동현상의 기(氣)를 받아들이는 신호체계 일종의 기(氣)수신기로 기(氣)에너지를 사람과 삶속에 끌어들일 수 있는 연결고리의 역할을 하는 것이 부적이라고 주장하는 것이다.

그러므로 그 에너지를 피하거나 잘 조절해야 악운을 피하거나 행운을 불러온다는 이와 같은 허황된 주장을 신뢰하고 있는 것이다.

4. 부적(符籍)의 폐해

이와 같은 부적의 효과로 *돈 많은 애인이 생긴다. *남편의 첩이 떨어지고 부부 금슬이 좋아진다. *집이 빨리 팔리게 한다. *장사가 잘되게 한다. *병이 낫는다. *시집을 잘 간다. 등등 감언이설로 사리판단을 혼미하게 만들고 물질적 손해를 끼치는 것이다.

역술과 부적 등으로 제한하는 것이 얼마나 다양한지 그리고 까딱 잘못하면 당하는 재앙이 겁살, 재살, 천살, 지살, 년살, 월살, 망신살, 장성살, 반안살, 역마살, 육해살, 화개살, 급각살, 괴강살, 백호대살, 홍염살, 원진살 등 얼마나 많은지 모른다. 그 금하는 것이 윤리적이거나 도덕적인 것이라면 얼마나 좋겠는가. 오로지 수(壽), 복(福), 록(祿, 출세)등 요행심리를 기대하는 현세 이익적인 저급함으로 일관되어 있다.

조선시대 1900년 이전시대 역술에 의한 방편으로 ① 장티프스를 치료하려면 마늘과 소머리(나중에는 소 코뚜레로 바뀜)를 대문 앞에 놓으면 병이 낫는다. ② 절구공이를 짚으로 싸고 새끼로 묶어 사람이 왕래하는 거리에 놓으면 말라리아가 치료된다. ③ 임신부가 난산을 할 때 임신부 발바닥에 '風' 자를, 남편 발바닥에는 '天' 자를 쓰면 순산한다. ④ 죽은 닭을 나무에 걸어두면 짐승의 병을 예방한다. ⑤ 제웅(짚으로 만든 인형)을 만들어 길가나 강에 버리면 집안의 나쁜 귀신이 나간다. 등 수많은 방책이 존재했었다. 그 당시에는 그것을 효험이 있다고 신뢰했었을 것이다.

이와 같은 허무맹랑한 방법을 신뢰하는 것과 지금도 역술인들이 선호하는 부적들과 과연 무슨 차이가 있는지 생각해 보아야 한다.

인간의 길흉화복이나 운명은 이와 같은 음양오행이나 풍수지리나 사주팔자나 부적에 의하여 좌우되는 것이 결코 아니라는 것을 모든 인류는 똑똑히 인식해야 할 것이다.

5. 무속종교. 민비와 무당

프랑스혁명을 촉발시킨 장본인은 루이 16세의 왕비 마리 앙 뜨와네트라고 평가한다면 청나라가 몰락하게 된 여인은 서태후 이다. 한낮 궁녀에 불과했던 그녀가 1856년 3월 함풍황제(咸 豊皇帝)의 아들 재순(통치황제)을 출산한 후 1861년 황제가 병 사하니 5세 된 아들의 수렴청정으로 26세부터 75세 까지 50 여 년간이나 무소불위의 권력으로 중국대륙을 지배했다. 청나 라가 멸망한 같은 시기에 제정러시아의 멸망도 레닌의 볼셰비 키 혁명 까닭이라고 하지만 실상은 니콜라이 2세 황제의 알렉 산드라 황태후가 이단 교주 라스프틴이라는 성도착증(性倒錯 症) 떠돌이 괴승에게 철저하게 농락당한 결과라고 지난 칼럼에 서 언급한 적이 있다.

위 언급한 나라들의 왕조를 멸망케 한 그 중심에 여자들이 있 었던 것처럼 500년 조선왕조가 일제에 의하여 국권이 말살되고 식민지 지배를 받게 된 망국의 결정적인 원인이 당시 세계 열강들의 정보에 어두웠던 대원군의 쇄국정책 때문이라고 책임을 돌릴지 모르지만 실상은 대원군 이후 1873년부터 1895년까지 23년간 무속종교에 집착하여 무당정치로 실질적으로 조선을 통치했던 민비(명성황후) 때문이라고 보는 것이 정확하다.

그럼에도 불구하고 해방이후 민비에 대하여 과대평가하고 미화하여 세계정세에 탁월한 안목을 지니고 절묘한 외교술로 난국을 대처하려 했던 '여걸' 또는 '철의 여인' 이라고 극찬하고 '명성황후' 라고 칭호를 높이고 사실을 과장 왜곡하여 뮤지컬이나 드라마를 만들어 미국 등 세계의 무대에서 그녀를 추켜세우는 것은 한마디로 난센스라 하지 않을 수 없다.

민비는 숙종의 정비인 인현황후의 아비 민유중의 5대손 민치록의 딸로 조실부모한 고아라는 점 때문에 당시 외척의 발호로 나라가 어지러웠던 것을 우려한 대원군에 의하여 왕비로 간택되었다. 왕비가 된 후 자신보다 먼저 후궁이 아들(완화군)을 낳아 고종과 대원군의 관심과 총애를 받자 자신의 입지를 불안하게 생각하고 투기심이 불일 듯 일어나면서 권력에 집착하기 시작했다. 마침내 낳은 아들이 항문이 없었으나 왕손의 몸에 칼을 댈 수 없다는 이유로 수술을 거부하고 죽자 후사를 낳으려고 무당을 가까이 하고 금강산 일만 이천 봉 전국의 명산마다 쌀과 비단과 돈을 퍼다 바치며 지성을 드리게 했는데 국가

재정이 바닥이 나자 당시 일본 장사꾼들에게 고리의 이자를 주고 빚을 낸 돈과 청나라에서 차관을 얻은 돈을 모두 탕진했다. 그녀에겐 국가의 안위나 국민의 생존보다 오로지 자기 소생으로 왕위를 계승하려는 일념만 있었다고 보아야 한다.

이와 같이 국고를 탕진하여 내탕고(內帑庫)가 텅텅 비어 대궐을 지키는 병사들이 급료를 13개월씩이나 밀려 그들의 집단행동에 급히 지급한 쌀이 모래와 겨를 섞어 그 양도 절반이나 떼어먹고 지급하여 임오군란이 일어나게 되었다. 임오군란의 원인은 자신의 소생을 낳아 왕권을 이으려는 민비의 무절제한 국고낭비 까닭이었다.

1866년 병인양요로 혼쭐이 난 대원군이 신식 총과 대포를 구입하여 강화도에 성벽을 강화하려 했던 것들을 민비는 오로지 대원군이 했다는 이유로 모두 청나라에 기증해 버리는 어리석은 여자였다. 당시 조정은 물론 국민들의 민비에 대한 원성이 높아 그녀를 죽이려 했으나 천신만고 끝에 혼인신부로 가장하여 가마를 타고 도망치다가 어느 주막에 숨어 있을 때 마을 아낙들이 딱하게 여겨 "새색시가 민비인지 여우인지 고년 때문에 고생한다." 고 위로하는 말을 들었다. 그녀는 이 말에 앙심을 품고 있다가 환궁된 후 그 여자를 잡아들이라 했으나 찾아내지 못하니 그 마을 여인 전체를 모두 죽이라 했다. 이와 같은 여자를 탁월한 여걸이라고 미화해서는 안 될 것이다.
충주 엄정면에 피신하여 숨어 있는 동안 관운장 귀신이 실렸다는 윤씨 무당을 가까이하고 그 무당의 예언대로 환궁하여 복권되니 그 무당을 데리고 대궐로 돌아와 모든 문제를 무당에게 자문을 받아 결정하는 무당정치가 시작되었다.

뿐만 아니라 그 무당에게 진령군이라는 정 2품의 벼슬을 내리고 관운장의 귀신을 모신 동묘라는 사당을 (종로구 숭인동 소재) 지어주는 등 그 무당이 무소불위의 권세를 행하여 조정이 무식하고 간사한 무당이 득세하는 혼란한 나라가 되어 버렸다.

이와 같이 조선이 멸망하게 된 원인은 23년간 민비의 무당정치로 국고를 낭비하니 이를 충당하려 돈을 받고 매관매직을 하니 재산과 빚을 내어 벼슬을 산 관리들이 돈을 충당하려 수단방법을 가리지 않고 백성들을 수탈하니 국민들의 원성이 어떠했겠는가. 민비의 치하에서 일어난 민중들의 저항인 임오군란, 갑신정변, 동학혁명도 민비의 무당정치에 의한 학정까닭이라고 평가해야 한다.

한 나라가 멸망하기 전에는 어느 시대에나 무속인 역술인들이 발호하고 만연해 질 때 나라는 혼란이 오고 멸망했던 것을 기억해야 한다.

① 중국 역사상 가장 번영하고 부강했던 송나라의 멸망도 도교로부터 유래된 사주명리학 등 역술의 경전이라는 서자평이 저술한 연해자평을 기초하여 음양오행, 풍수지리, 사주팔자, 부

적 등이 만연해 질 때 만주에서 일어난 아골타의 금나라에게
멸망했다.

② 고려가 멸망한 것도 신돈이라는 승려가 나타나 공민왕을 비
롯한 온 나라가 역술과 미신으로 혼탁해 질 때 결국 망하고 만
것이고,

③ 제정 러시아의 멸망도 라스프틴이라는 떠돌이 괴승이 나타
나 알렉산드라 황후를 괴이한 주술적 귀신놀이로 혼란케 하여
말망하게 된 것이다.

이때 만일 민비가 선교사들을 가까이 하고 성경을 읽고 복음을
적극 수용하여 그리스도인이 되었더라면, 성경의 한나처럼 서
원기도 금식기도 하면서 하나님께 기도했더라면, 빅토리아 여
왕처럼 나라를 잘 다스리기 위하여 항상 기도하여 지혜를 구했
더라면 그녀의 통치 23년 기간이 나라의 흥왕기가 되었을 것
이라는 아쉬움을 가진다.

6. 무속과 역술의 폐해

유일신 창조주 하나님에 대하여 알지 못하던 인류는 고대시대
로부터 나름대로의 토속종교들이 있었으니 우리나라에서는 지
금의 무속인들이 추종하는 무속종교라 할 것이다.

1. 한국 무속종교의 기원

그러면 지금 우리나라 국민 73%가 신뢰한다고 조사되는 무속
종교와 역술(易術)의 기원을 살펴보아야 한다. 역술은 중국의
도교(道敎)에서 유래된 것으로 본래 민간 신앙을 기반으로 시
작된 중국의 토속종교이다. 그 중심사상은 정령을 숭배하는 신
선 사상이지만 구체적으로 분류하면 도가, 역, 음양오행, 복서,
참위, 점성 등의 이론에 무격신앙(巫覡, 무당과 박수)을 혼합하
고 거기에 불교의 체제와 조직을 결합한 수(壽: 장수), 복(福:
오복), 록(祿: 높은 벼슬) 등 현세이익을 추구하는 저급한 자연

종교라 평가해야 한다고 언급 한 적이 있다. 이와 같은 도교(道敎)는 고대 은나라 주나라시대 부터 전래되어 오다가 주나라의 노자(老子)에 의하여 정립되었으며 유교와 함께 중국역사와 중국사회의 철학, 종교, 미신, 민중의 생활풍습, 관행 등의 요소가 포함되어 있다. 이 도교가 종교 교단으로서의 체제와 조직을 갖추어 시간이 흐르면서 많은 분파가 생겨 1910년경에는 중국에서 140여 개의 도교 종파가 있었다.

우리나라에는 고구려 때 중국 당나라로부터 처음 들어와 고려 예종(재위 1105~1122) 5년에 송나라(북송)의 2명이 도사가 와서 복원궁(福源宮)을 세우고 제자를 선택하여 서도(書道)를 가르친 것이 그 시초였다.

2. 한국의 무속종교 현황

현재 우리나라의 무속종교 기관을 살펴보면 용산구 한강로에 회원 30만 명의 사단법인 대한경신연합회, 논현동에 있는 한국역술인협회, 화곡동에 한국무속연합회, 서초동에 한국철학회 등 크고 작은 단체들이 우후죽순처럼 각 지역마다 지부를 두기도 하고 신문을 발간하기도 한다.

무속인들은 강력한 접신, 강신현상으로 자기 의지와 상관없이 거역하지 못하고 신을 받아드리는 내림굿을 하여 정식 무속인으로 등록되는 것이 원칙이다.

①내림굿을 할 때 주도하는 신어머니와 4-5명의 무당의 도움을 받아 내림굿을 한다. 이런 과정을 거친 무당은 대한경신연합회 지부장이나 관계자의 내림굿 사실 심사를 한 후 자격이 주어지고 회원으로 등록된다.

②그러나 이와 같이 내림굿을 한 경우가 아니어도 평상시에 갑자기 잠을 자거나 길을 가다가 귀신의 강력한 신기에 의하여 '무불통신' 무속인이 되기도 한다. '무불통신'이란 신의 말문이 열린 무당이 자신만의 신과의 소통으로 신기를 행하는 것이다.

③세 번째가 자칭무당, 가짜무당이 있으니 이는 신 내림도 '무불통신'도 없으면서 어깨너머로 보고 배운 흉내를 내며 무당행세를 하면서 어려운 처지의 사람을 현혹하여 신 내림 무당과 연결해주는 역할을 하면서 밥벌이를 하는 무당들이 있다. 이들은 정식무당이 아니다.

경신연합회에서 발급해 주는 자격증이나 수첩을 소지해야 합법적으로 무당으로 인정받는 것이다. 그러나 최근에는 수십 개의 무속단체들이 우후죽순처럼 등장하여 심지어는 역술학 학원까지 생겨 사주명리학 등을 공부하여 직업으로 택하기도 한다. 스포츠 신문, 주간지, 그리고 동아일보 같은 일간 신문에서도 12지지의 띠를 풀어 운세를 점치는 고정란이 있고 그 아래는 역술인 광고가 있다. 케이블 TV에서 역술인이 출연하여 방송을 하고 국영 TV에서도 역사 사극 드라마에서 얼마나 많은 역술인이 등장하여 신통력이 있는 것처럼 간접 홍보를 하는지 모른다. 그뿐만 아니라 인터넷이나 스마트 폰에서도 운세풀이, 사주팔자, 부적 등 역술사이트를 얼마든지 접할 수가 있다. 모 케이블 TV에서는 역술인과 무속인이 출연하여 궁합(宮合)에 대하여 방송을 하고 어느방송에서는 풍수지리전문가란 사람이 출연하여 부동산 등 투자자문을 하면서 은연중에 역술과 풍수지리를 신뢰하도록 영향을 주고 있다.

3. 점집과 역술인을 찾는 사람들

불확실성의 시대를 살면서 알 수 없는 미래에 대하여 불안하고 힘들고 답답한 일을 당할 때, 자녀나 남편, 자신의 길흉화복을 알고 싶어 하는 심리에서 지푸라기라도 잡으려는 심정으로 점집이나 역술인을 찾는다. 점집이나 역술 철학관을 찾는 경우는 가까운 이웃이나 친구가 권하는 경우, 신문광고, 인터넷, TV드라마에 등장하는 무속인의 신통력 등을 보고 자극 받는 경우가 대부분이다.
매년 신년이나 선거철이 되면 사주 점 운세를 점쳐주는 곳이 문전성시를 이루고 굿당은 쉬는 날이 없이 예약이 꽉 찬다고 한다.

미신이라고 하면서도 교회 다니는 집사, 권사라고 하면서도 운세보고 점치는 것을 선호하여 은밀히 무속인이나 역술원을 찾아가는 사람이 상당히 많다고 한다.
필자가 아는 사례로는 지방 모교회 장로투표를 앞두고 부인 권사님이 답답하여 몰래 역술인을 찾아가 물었다고 한다. 역술인이 남편 생년월일시를 묻고 장로가 될 것이라 예언해 주니 그대로 되었다고 한다. 이런 경우 무당이나 역술인의 말을 신뢰하기 시작하면 성경말씀이나 목사님 설교는 뒷전이고 오로지 그들의 말을 신뢰하게 될 것이라 생각된다.

어떻게 살아야 할까. 언제쯤 운이 풀릴까. 기대심리를 가지고 찾아가지만 결국은 꼬투리를 잡히고 마침내 큰 피해를 보는 경우가 대부분이다. 저들에게 듣는 말이 혹시 좋은 말을 해주는 것 같아도 결국은 더 크게 피해를 본다는 것을 인지해야 한다.

역술인이나 무당에게 좋은 말을 기대한다는 것은 난센스라 여겨야 한다. 춤바람이 난 주부가 춤에 미쳐 차츰차츰 빠져들어 마지막 제비족에게 농락당하고 재산 다 잃고 결국 비참하게 되는 것과 유사하게 보면 된다. 도박장에 가는 사람들도 돈을 잃을 것이라 생각하지 않는다. 돈을 딸 것이라는 기대심리로 희망을 가지지만 결국 재산을 다 날리고 패가망신하는 것과 유사하다고 생각해야 한다.

2012년 1월 어느 TV방송국 여기자가 실제 가족관계가 아닌 모녀로 가장하여 유명하다는 역술원에 가서 가정사를 물으니 '집안이 좋지 않다.' '딸의 건강에 문제가 있다.' '아이를 못 낳을 것이다.' '남편이 죽는다.' '수명이 몇 년 안 남았다.' 등등 불길한 말로 일관되어 있었고 이와 같이 겁을 주고 난후 액땜을 하려면 굿이 제일 좋은 방법이고 최소한 몇 백은 기본이라고 하며 돈 문제로 꺼려하면 가족이 죽는데 돈이 문제냐고 강요하기도 한다.

어떤 기자는 의뢰인으로 가장하여 점과 사주를 보니 '꼬마가 붙어 다닌다.' '영혼이 자꾸 앞길을 방해한다. 혼인을 방해하고 직장에서도 액운이 있고 동서남북이 꽉 막혀서 급사할 집이야!' 하면서 '굿을 하여 살풀이를 하여 영혼을 하늘로 보내는 천도제를 해야 한다. 기본이 수백만 원이다. 굿이 100% 야! 그날 저녁에 효과 보는 사람도 있어!' 등 말을 들었다고 했다.

이와 같이 점집이나 역술인을 찾는 고객들은 대부분 주부나 여자들이다. 자녀나 남편문제 사업문제 등 찾아가지만 낚싯바늘에 걸린 물고기처럼, 덫에 걸린 짐승처럼 결국은 다 잃고 영혼까지도 사냥 당하고 만다는 것을 인지해야 한다.

언젠가 『사극 장희빈』에서 친정어머니가 보내준 여우 생식기를 몸에 지니고 있어서 숙종의 총애를 받아 왕자를 낳았다는 소문이 돌아 서울 장안에 수많은 여자들이 너도 나도 여우 생식기를 부적으로 지니는 유행이 된 적이 있었고 그 값도 몇 십만 원에서 1,500만 원까지 가는 고가의 여우생식기 부적도 있었다고 한다. 한국 무속인들이 비방으로 알려준 여우생식기 부적 때문에 북극 여우가 멸종위기가 되었다고 하니 이 얼마나 황당하고 어리석은 일인가.

4. 기업총수, 정치인들과 역술

얼마 전 S그룹 C회장이 1,800억원 횡령혐의로 기소된 적이 있는데 내용인즉 역술인의 자문을 받고 투자 결정을 하여 손해를 입었다고 한다. 그 기업은 선친 회장 때부터 역술인의 자문을 신뢰했다고 하며 삼성그룹 창업자인 고 이병철 회장도 역술과 풍수지리를 신뢰하여 신입 사원을 뽑을 때, 그룹 계열사 건물터를 잡을 때도 역술인의 조언을 따랐다고 한다.

모 역술인의 말에 의하면 재벌회장 기업인들이 거의 그 곁에 책사(역술인)가 있어서 중요한 결정을 할 때 책사의 조언을 따른다고 한다.

정치인들은 또 어떤가. 선거를 앞두고 당락에 대하여, 운세에 대하여 역술인의 조언을 신뢰한다는 것이다. 17대 대통령 후보였던 여당의 L 후보는 카토릭 신자였지만 대선을 앞두고 조부모 증조부모 등 직계 묘 9기를 선거를 앞두고 이장한 적이 있었다. 그러나 대선 3수를 하고도 낙선하고 말았다.

국회의원 기독교인들도 보좌관을 통하여 "공천을 받을 수 있는가. 앞으로 정치적인 운기가 있겠는가. 당의 운기는 몇 년 정도 가겠는가." 등 선거를 앞두고 역술인들을 찾는다고 한다.

5. 무속인에게 사기당한 사례

사례 1. 결혼한 지 5년 지나도록 아이가 없어서 거주지 지역 김 모 무속인을 찾아가니 삼신할머니를 받아야 한다고 '살풀이를 해야 한다.' 고 굿 비용 300만원주고 굿을 하다. 그 해 가을 다시 '조상풀이' 명목으로 700만원, 12월에 살풀이로 300만원, 그 다음해 자기가 영접해 지려 기도해야 한다고 1,000만원 차용, 탱화를 맞춘다고 1,000만원 요구하여 거절하니 '남편이 다친다.' '부모가 죽는다.' 겁을 주어 다시 300만원, 아기 점지해 준다고 3,500만원 요구, 망설이자 남편에게 액운이 온다. 결혼예물을 간직하고 있으면 시댁이 않좋으니 그것을 팔아서 가져오라. 전세 대출금을 받아 굿값을 달라 결국 3,500만원을 주었다고 한다. 그러나 굿을 계속 미루고 돌려 달라고 하니 산기도 다니고 탱화 맞추는데 다 써버렸다고 못 준다고 하다. 모두 7,000만원 사기 당하여 경찰서에 고소하고 민사소송 진행 중이라 한다.

사례 2. 엄마가 7-8년 전부터 아프셔서 인터넷 검색으로 점집을 찾아가 지성을 드리라는 말을 듣고 지성을 드리자 3주후 씻은 듯 나아 주치의도 기적 같은 일이 일어났다고 하여 그때부터 신뢰감이 가고 그 무당이 친 엄마같이 따듯하게 해주어 부모님같이 여기게 되었다고 한다. 그러던 중 아빠가 건강이 안 좋아 병굿을 하라고 해서 비상금을 다 털어서 굿을 했으나 아무 효과가 없었고, 무당은 그렇게 쉽게 낫는 것이 아니라고 하여 동생 돈까지 동원하여 여러 차례 굿을 했으나 아무 차도가 없었다고 한다. 무당이 마음을 비우라고 하여 아버지 재산까지 손을 대어 1억을 아버지 병다리 비용으로 주었으나 호흡기에 의지하여 생명을 겨우 유지하고 있고 어머니도 정신과 치료를 받고 3년 동안 고생하고 있는 중, 엄마이름으로 기도터를 만들면 좋아진다고 하여 '신령님 말이냐'고 물으니 '그렇다!'고 하여 5억을 주었다고 한다. 그러나 기도터에 투자하지 않았고 태도가 돌변하여 만나주지 않고 돈도 돌려받지 못하고 있다고. 그동안 굿 치성 비용 9천만 원, 병다리 비용 1억, 기도터 비용 5억 총 6억 9천만 원 사기 당했다고 한다.

그밖에 더 다양한 피해사례들 입력창에 '무속사기피해자모임'이란 키워드를 입력하면 더 많은 피해사례들을 조회하실 수 있을 것입니다.

어떤 사람이라도 무당이나 역술인의 말을 신뢰하여 따르기 시작하면 결국 후회하게 될 것이며 패가망신 할 수도 있다는 것을 인지하고 경계해야 할 것이라 밝혀둔다.

7. 궁합(宮合)의 요설

혼인을 앞둔 양가집에서 남녀 두 사람의 미래에 대하여 길흉을 알기 위하여 역술의 방법으로 생년 · 월 · 일 · 시(年 · 月 · 日 · 時)를 사주(四柱)에 대입하여 풀어 해석하고 점쳐주는 것을 궁합이라 한다. 혼인하기 전 남녀의 사주를 오행(五行)에 맞추어 길흉(吉凶)을 점치는데 12지에 따른 겉궁합과 오행에 따른 속궁합을 본다.

여기서 먼저 이해해야 할 것은 사주(四柱)라는 것이 무엇인지 이해해야 한다. 사주(四柱)는 사람이 태어난 연월일시(年 · 月 · 日 · 時)를 중국문화권에서는 세로쓰기를 하므로 네 개의 기둥이라 하는 것이다. 생년(生年), 생월(生月), 생일(生日), 생시(生時)를 육십갑자로 표기하면 사용된 글자가 8 글자가 되므로 팔자(八字)라고 하는 것이며 그러므로 사주와 팔자는 같은 것이다.

사주명리학 이론에서는 사람의 출생한 연월일시가 모두 다르기에 그의 운명이 이 사주팔자(四柱八字)에 따라 달라진다는 것이다. 이는 하늘, 땅, 사람(天地人)의 세 가지가 유기체적인 관계를 지녔다는 이 합일사상에서 시작된다.

사주팔자를 만세력(萬歲曆)에 대입하여 해석을 하면 음양의 조화와 오행의 상생상극 관계를 추리할 수 있으며 그 결과로 운명과 길흉화복을 예측한다는 것이다.

어머니 뱃속에서 태어나는 탯줄을 자르는 순간이 중요하다는 것이다. 왜냐하면 그 순간 우주 공간에 떠 있는 음양오행(해와 달, 그리고 5개의 별 화성, 수성, 목성, 금성, 토성)의 위치에 따라 그 사람에게 각기 다른 에너지(氣)가 들어간다는 것이다. 우주의 별들은 각기 다른 기(氣)가 있어서 탯줄을 자르는 순간 아이의 몸속으로 들어가서 그 운명을 결정짓는다는 것이다. 탯줄을 자르는 순간 태양은 어디에 달은 어느 방향이고 그 밖의 별들은 어디에 있었는가를 만세력(萬歲曆)을 따져서 계산한다는 것이다.

우주의 수많은 별들 중에 사람의 운명을 결정짓는다는 별을 7개만 선정했는데 그 이유는 여타 다른 별들이 너무 많아 계산하기가 복잡하여 7개만 추렸다는 것이다.

역술인 중에는 사주팔자의 이론은 미신이 아닌 통계학이라고 주장하고 있지만 만일 그 주장을 믿는 사람들이 있다면 위에서 언급한 천, 지, 인(天, 地, 人)의 이론을 제대로 인지해 보면 그 논리가 얼마나 허무맹랑하고 사람을 우매하게 하는가를 인지하게 될 것이다.

 다시 설명하면 도교와 사주명리학은 천, 지, 인(天, 地, 人)을 하나로 연결되어 있다는 이론을 바탕으로 삼고 있다. ①하늘의 해와 달, 그리고 수많은 별들이 사람과 연결되어 그 별에서 미치는 기(氣)에 따라 운명이 좌우되며, ②그리고 땅에도 땅의 정기가 있어서 그 기운(에너지) 역시 사람과 연결되어 영향을 미치고 있다는 것을 기초로 하고 있다. ③다시 말하면 사람은 하늘의 기운을 받고 땅의 정기를 받아 태어나며 그 영향력이 어떠하냐에 따라 운명이 결정된다고 믿는 것이다.

10 간(十干)은 - 갑(木), 을(木), 병(火), 정(火), 무(土), 기(土), 경(金), 신(金), 임(水), 계(水), 라고 한다.
12 지지(地支)는 - 자(水), 축(土), 인(木), 묘(木), 진(土), 사(火), 오(火), 미(土), 신(金), 유(金), 술(土), 해(水), 라고 한다.
궁합을 볼 때 남녀가 도움을 주는 궁합은 위 10 간(十干)과 12 지지(地支)를 대입하여 목남(木男) - 토녀(土女), 화남(火男) - 금녀(金女).   토남(土男) - 수녀(水女). 금남(金男) - 목여(木女). 수남(水男) - 화녀(火女) 이상 남녀가 맞으면 좋은 궁합이라 한다. 그러나 파국에 이르는 궁합은 목남(木男) -금녀(金女). 화남(火男) - 수녀(水女. 토남(土男) - 목녀(木女). 금남(金男) - 화녀(火女). 화남(火男) - 토녀(土女) 는 나쁜 궁합이라 한다. 이런 방법으로 해석한다.

둘째. 겉궁합(띠로만 보는 궁합) - 원진살이 없어야 한다. 쥐, 뱀, 용, 말, 원숭이, 개띠는 자기 띠에서 7번째 띠와는 안 맞는다. 자기 띠에서 5번째도 안 맞으며 6번째 띠는 충살로 피해야 한다고 한다. 띠로 좋은 '띠 궁합'은 4번째와 8번째 띠이며 그러므로 4살, 8살 차이가 가장 좋은 궁합이란다.

남녀가 태어난 월(月)을 합하여 '0'이 되면 안 좋다고 한다. 즉 1월과 9월=10, 2월과 8월=10, 9월과 11월=20이 안 좋다고 한다. 그리고 사주(四柱)에서 년주(年柱)는 조상 운, 월주(月柱)는 부모 운, 일주(日柱)는 본인·부부 운, 시주(時柱)는 자녀 운을 나타낸다고 한다.

주간지나 스포츠 신문들 뿐만 아니라 중앙일보, 동아일보, 문화일보, 등 가장 권위 있는 대형 일간신문들도 '오늘의 운세' '내일의 운세' 등등 제목으로 다음과 같은 운세풀이를 하고 있다.

　　　* 아래의 사례를 보면

쥐띠 : 마음이 우울해짐. 새로운 일을 찾아보라.

소띠 : 금전 운이 있음. 자기 일을 남에게 맡기지 말 것.

호랑이띠 : 몸에 부상. 질병조심.

토끼띠 : 될 듯 하면서 지연된다. 마음이 불안해 지는 날.

용띠 : 능력 있는 사람을 만날 수 있다. 의미 있는 곳에 지출.

뱀띠 : 배우자에게 잘해 줄 것. 힘으로 해결하려 하지 말 것.

말띠 : 처음에는 어려워도 나중에 해결됨. 먹을 복이 생김.

양띠 : 의외의 사건으로 곤란해짐. 우유부단하지 말 것.

등등 12지지(12동물)를 풀어 '아니면 말고' 식으로 운세풀이를 하는 것을 볼 수 있다.

사랑하는 남녀가 만나 결혼을 할 때 성격, 이상, 학벌, 가문, 건강, 취미, 종교 등을 비교하고 피차 사랑하고 배려하는 마음 등을 우선하는 것이 아니라 이와 같은 터무니없는 요설에 지나지 않는 사주팔자를 대입하여 그 해괴한 이론으로 '좋다. 나쁘다.' 는 얽어매는 해석을 듣고 인생의 가장 신성하고 소중한 혼인을 결정한다는 것은 너무도 어처구니없는 난센스라 하지 않을 수 없다.

8. 역술과 무속이 번성하면

 이 시대의 역술원, 철학관 점집들은 골목 내에 촛불을 켜 놓고 무당깃발을 꽃은 집들만이 아니다. 어린 청소년들이나 많은 국민들이 스마트폰이나 수많은 인터넷에서 사주, 토정비결, 운세, 점을 쳐주는 우후죽순처럼 발호하고 있는 사이트를 접하고 있는 시대이다.
뿐만 아니라 주간지나 스포츠 신문 광고란에는 역술원, 점집 광고가 광고란을 대부분 차지하고 있고 동아일보 중앙일보 문화일보 대형 일간지에도 사주와 운세를 점쳐주는 고정란으로 있다. 원광대학교 민속종교과에서 관상, 명리, 풍수 등을 가르치고 인천대학 · 영남대학 · 경산대학 · 경기대학 등 10여개 대학에서는 풍수지리과 학사, 석사가 나오고 상가건물 역술학원에서는 점치는 방법을 공부하여 개업하여 직업으로 삼겠다는 사람이 늘고 있다. 서점에 가 보면 역술, 명리학, 풍수, 관상 등 서적이 얼마나 많은지 놀랄 것이다. TV방송에서도 역술인,

풍수전문가 무속인들이 출연하여 운세를 예언해 주고 상담을 하기도 한다. 이와 같은 점집들은 우리나라뿐만 아니라 일본이나 대만·이슬람국가·아프리카·멕시코 등 인류가 존재하는 모든 지역에서 발호하고 있다.

점집을 찾는 사람들 중 한국의 5,000만 인구 중 한해 태어나는 아이가 40만 명이라 친다면 똑같은 사주팔자를 가지고 태여난 아이는 운명도 같아야 한다. 과연 그럴까. 그러나 사주팔자대로 무속인들의 해석대로 운명이 주어지지 않는다는 것이 너무도 자명하다. 그럼에도 점집을 찾는 사람들의 심리를 분석해 보면 ①심심풀이로 ②심리적 위안을 얻으려고 ③스트레스 마음의 불안 해소 위해 ④현실 돌파구 삼으려는 희망을 가지고. ⑤상담효과, ⑥신접한 사람이나 권위 있는 것처럼 보이는 전문가의 말을 들어보려고 등 이라고 한다. 이와 같이 경제적으로 어렵거나 미래가 불확실한 시대에 더 많은 사람들이 점집을 찾는다고 한다.

그러나 그냥 지나치는 심심풀이로 듣고 흘려버리려 했지만 그 말이 자신을 사로잡고 지배하게 된다는 것을 간과해서는 안 될 것이다. 결국은 그들이 방편이라고 알려준 부적을 구입하게 된다든지 더 깊이 빠져들다 보면 액땜이나 문제해결을 위하여 굿을 권하기도 하고 결국 낚시 바늘에 걸린 물고기처럼, 덫에 걸린 들짐승처럼 될 수도 있다는 것을 인지해야 한다.
그러면 21세기 최첨단 과학문명의 시대를 살고 있는 현대인들이 이와 같은 허황되고 우매한 미신에 빠져들고 있는 이유는 무엇일까. ①인간의 내면에는 물질적인 것이나 정신적인 것으로 채워질 수 없는 정신세계 저 너머의 영적 영역이 있기 때문이다. ②죄로 타락하여 초점을 잃어버린 인간에게만 내재된 영적인 영역은 온 우주를 다 주어도 채워지지 않는 텅 빈 허무함, 우주보다 크신 빛과 진리, 공의와 선의 본체이신 거룩하신 절대자가 계시기 때문이다. ③그러므로 모든 역술, 무속, 점술 등 종교행위들이라도 그 절대자에게 대한 충족되지 않는 목마름이 채워지기까지 중단되거나 사라지지 않을 것이다.

여기서 그리스도인들은 복스럽고 영광스러운 복음의 핵심을 바로 이해하고 수용하여 성화된 신앙모델이 되어야 한다. 작은 예수로 변화하여 거부할 수 없는 확연한 진리와 생명을 실현해 내야 한다.

다시 언급하지만 역사를 통하여 살펴보면 무속인들이나 점술·역술 등이 번창할 때가 위험한 시기라는 것을 인지해야 한다. 어느 시대에나 국가적인 재앙이 뒤따라 왔다. 이와 같은 무속인, 역술원, 점집 등이 사라지고 영적으로 정화될 때 나라가 안정되고 번영하게 된다고 생각한다. 그리스도인들은 이 시대를 분별하고 하나님의 나라가 이땅에 이루어지기를 기도해야 할 것이다.
『너희는 세상의 소금이니 소금이 만일 그 맛을 잃으면 무엇으로 짜게 하리요.』

『너희는 세상의 빛이라 등불을 켜서 말 아래 두지 아니하고 등경위에 두나니 모든 사람에게 비치느니라.』

『너희 착한 행실을 보고하늘에 계신 너희 아버지께 영광을 돌리게 하라.』 (마태복음 5장 13절-16절)

9. 역술의 종주국 송나라 멸망이 주는 교훈

AD 1127년 2월 7일 북 송의 8대 황제 휘종(徽宗: 조길)은 금나라로 끌려가는 일곱 무리의 포로들 중 네 번째 무리에 포함되어 있었다. 신안현에 도착한 호송담당 장수는 큰 연회를 베풀고 술과 음식을 먹으며 잔뜩 흥이 올라 휘종의 황후에게 노래를 불러 흥을 돋우고 술을 따르라 명령했다. 이때 황후가 거부하고 저항하자 대노한 장수 택리(澤利)는 그녀가 정신을 잃을 때까지 사정없이 때렸다.

마침내 눈물을 머금고 황후가 부른 노래가 다음과 같다.
幼富貴兮厭羅綺裳 어린 시절 부귀하여 비단치마 싫증나
長入宮兮奉尊觴 자라 입궁하여 귀한 술잔을 받았네
今委頓兮流落異鄕 이제 나이 들어 타향을 헤메니
讚造物兮速死爲强 아! 조물주여 빨리 죽여 강하게 하소서.

처절하게 부른 이 노래 의미를 이해하지 못하는 택리는 흡족하여 술을 따르라 하고 다시 한곡 더 부르게 했다.

昔居天上兮桂宮玉闕 과거 천상에서 보석으로 된 궁궐에 살았는데 今日草莽兮事何可說 이제는 풀숲에 있으니 이를 어찌 다 말로 할까 屈身辱志兮恨何可雪 몸을 굽혀 치욕을 당하니 이 한을 어찌 다 풀까 誓速貴泉下兮此愁可絕 어서 저 세상으로 가면 이 근심 끝낼 수 있을텐데.

찬란했던 송나라의 수치 정강의 변(靖康의 變)

정강의 변을 당하기 전 송나라는 경제가 번영했고 문화가 찬란했다. 가뭄에 강한 조생종 볍씨를 개발하고 2모작을 하여 쌀 생산이 넘쳐났고 백자 청자 등 도자기 생산과 차 생산, 조선기술과 운하와 교량이 발달했고 수도 개봉(키이펑)에는 비단을 짜는 베틀기계 100대 이상을 갖춘 직조공장이 100개 이상이나 있었다. 또한 화약을 발명했고 방직 염색기술 등 공업이 발달했고 인쇄술의 발달로 교자 회자라는 종이화폐를 발간하여 상거래가 활성화 되었을 뿐더러 나침반을 발명하여 항해술을 익힌 무역선들은 유럽과 페르샤 우리나라 고려까지 왕래하며 국제무역이 왕성했고 상인들이나 노동자들의 조합까지 생겨났다.
이 시대를 중국 역사상 가장 번영했던 시대라고 평가하고 있다. 그런데 그토록 부강하고 발전했던 송나라가 정강의 변(靖

康의 變)을 당하여 왜 이토록 처참하게 멸망했는가. 이 역사적 의문을 분석하여 우리 시대의 교훈을 삼아야 한다.

송나라 8대 황제 휘종(徽宗)은 스스로 『도군태상황제』라 칭했는데 '도군(道君)'은 옥황상제와 함께 도교의 최고신을 일컫는 의미로 그 시대는 도교와 역술이 이처럼 만연한 시대였다.

AD 1120년 휘종은 만주에서 일어난 금(金)나라 태조 아골타에게 바닷길로 사신을 보내 두 나라가 힘을 합쳐 요나라를 공격하자는 『해상의 맹약』을 제의하여 금군과 함께 요나라를 공격했으나 송나라는 방랍의 난을 평정하려고 전쟁에 힘을 쓰지 못하여 아골타의 불만을 샀다. 그러나 금국은 만리장성을 국경으로 한다는 송과의 약속을 미루다가 연운 16주 중 6주를 반환하고 철수했다.

이때 휘종은 패전하여 숨어있던 요나라 황제에게 금나라가 점령한 나머지 10개 주도 탈환하자고 비밀리에 밀서를 보냈는데 금나라에 발각이 되니 격노한 아골매(아골타의 아우. 1123년 아골타는 죽고 2대 태종이 됨)는 1125년 겨울에 군대를 일으켜 송(宋) 수도 개봉으로 출격하게 된다.

이때 송나라는 문치(文治)를 중히 여겨 무인(武人)을 멸시하는 풍조가 만연하여 국방을 소홀히 하였으니 그 저변에는 도교로부터 유래된 사주명리학을 최고의 학문이라 여기고 연해자평

(淵海子平)을 경전으로 여겨 음양오행 · 사주팔자 · 부적 · 풍수 지리 · 궁합과 무격(巫覡)이 판을 치고 서민들뿐만 아니라 상인 · 공무원 · 중산층 · 귀족들과 황제까지 심취하여 정신적으로 혼미함이 극에 달해 있었기 때문이다.

밀서가 발각되어 격노한 금 태종이 공격해 온다는 소식을 접한 휘종은 기절을 했다. 그리고 급히 25세된 장남 조환(흠종)에게 양위하고 몰래 장강 남쪽 강소성으로 도망쳤다. 흠종 역시 겁쟁이로 도망칠 궁리만 했지만 이강, 충사도 등 장수들의 항전 의지가 받아들여진 것을 파악한 금나라 태종은 흠종이 은밀히 제시한 금 500만냥, 은 5,000만냥, 비단 100만 필, 말 1만마리를 접수하기로 하고 철수했다.

금군이 물러가자 도망쳤던 휘종은 개봉으로 다시 돌아오고 역술을 추종하는 평화주의자들의 허황된 모함으로 항전파 무장 이강과 충사도는 파직되고 말았다. 이때 황제뿐만 아니라 문무 백관들까지 역술을 통하여 태평성대가 열릴 것이라 믿었고 이와 같이 무방비 상태로 있을 때 전열을 재정비한 금나라 군이 6개월 후 다시 공격해 왔다. 당황한 흠종은 다시 이강과 충사도 등 주전파 장수들을 기용하지만 금군이 이강과 충사도등을 파직하면 화친할 것이라 요구하여 파직하고 이전과 같이 재물을 주고 평화를 구걸하려 했다. 그러나 장수들이 쫓겨난 것을 안 금군은 공격을 계속했다.

도교의 역술가 곽경(郭京)

이때 육갑신술(六甲神術)을 행한다는 도교의 역술가 곽경(郭京)이란 자가 나타나 흠종에게 "제가 어려서부터 도를 수련하여 서축의 방학산에 들어가 한천사(漢天師) 장도령의 비결을 득도하여 귀신을 마음대로 부리고 산을 옮겨놓고 바다를 거꾸로 뒤집는 술법을 익혔나이다. 10만명의 금군이 눈앞에 있다 할지라도 일주일만 작법(作法)하면 모조리 넘어뜨리고 죽이려 하면 죽이고 살리려 하면 살릴 수 있습니다만 이래서야 폐하의 호생지덕을 손상시키게 되는고로 다만 적군이 머리를 싸매고 도망쳐 버려서 다시는 우리를 침범치 못하도록 하는 게 좋겠습니다."라고 자신만만하게 말했다.

이에 얼굴에 희색을 띤 흠종은 "태조열종의 영혼이 나라를 지키려 경과 같은 기인을 인도 하셨도다! 무엇이든지 필요한 대로 말하면 준비하도록 하겠소" 하여 곽경의 요구대로 천단(天壇)을 만들고 16세부터 18세 사이의 동남동녀 24인을 선발하여 촛불을 들게 하고 출생일시(出生日時)가 똑같은 신병(神兵) 7,777명을 선발하여 흰옷을 입혀 채단(비단)과 제물을 제단 앞에 올리고 하루 세 번씩 향불을 피워 하늘을 향해 금군을 물리쳐 주시기를 기원하고 부적을 붙여놓고 부적에 물을 품는 의식을 7일 동안 계속했다.
흠종은 곽경을 신뢰하여 속히 금군을 물리쳐 줄 것이라 의심하지 않고 유유자적하며 기다리고 있었다.
마침내 7일이 지나 성문을 활짝 열고 흰옷을 입힌 7,777명의 신병(神兵)을 출병시키니 금군은 함성을 지르며 밀물처럼 몰려

들어와 신병(神兵)은 순식간에 도륙 당하고 수도 개봉은 함락
되고 곽경은 도망쳐 버렸다.

흠종은 금 태종에게 무릎을 꿇고 청신청죄(신하로 칭하며 죄를
청함)하니 금 태종은 금1,000만정(錠), 은 2,000만정, 비단
1,000만필 등을 요구했다. 여기서 정(錠)은 냥이나 돈이 아닌
금괴를 지칭한다고 해석되니 그 분량은 예측 불가능한 요구였
다. 이와 같은 무리한 액수를 요구하는 이유는 조씨 송국 왕손
들과 여자들을 모조리 포로로 잡아가기 위한 속셈이었다. 아무
리 다 긁어모아도 채울 수가 없어 불가능하게 되니 금군은 황
제의 친인척 왕비 24명, 공주 22명, 비빈83 , 왕첩 28, 종희
52, 어녀 78, 궁녀 479, 채녀 604, 종희 1,241, 가녀 1,314,
귀척, 관민녀 3,319등 값을 매겨 까기 시작했지만 액수를 채
울 수가 없었다. 당시 기록한 책 개봉부장(開封府狀) 1127년
2월 부분에 『병이 있거나 못생긴 여자 2,000여 명을 금군에게
유린당한 후 쫓겨났고 포로가 되어 끌려간 여자가 11,635인이
며 그밖에 기술자 예술가 학자 등 4,000여명을 일곱 무리로
나뉘어 끌려갔다.』고 기록되어 있다.

포로들은 1127년 5월 23일 금나라 상경(上京)에 도착하여 8월
에는 휘종 흠종 두 황제와 황족일행 1,300인을 경사회령부로
옮겨 금나라 종묘에 포로봉헌의식을 거행했다. 황제와 황후들
과 공주 부마 종실 모두 양의 가죽을 걸치고 머리에 두건을 매
고 견양례(牽羊禮)를 행했다. 휘종 흠종 두 황제는 제물로 죽

인 피가 뚝뚝 떨어지는 양 가죽을 걸치고 한 발자국에 한 번씩 머리를 땅에 굽혀 절을 하며 아골타 능을 세바퀴 돌았다. 그 다음날 금 황제 태종은 명을 내려 휘종을 혼덕공(昏德公-정신이 혼미한 자), 흠종에게는 중혼후(重昏候- 정신의 혼미함이 중한 자) 라 봉하였다.

그리고 황 태후 이하 모든 종실 여자들은 금군의 첩이 되거나 노비가 되어 여진족 부녀들처럼 상의를 벗고 양가죽만 걸치고 세의원(洗衣院)으로 보내져 거기서 생을 마쳤다. 이 세의원(洗衣院)이란 곳은 금군 병사들이 즐기는 위안소라 하니 일제의 종군위안부 수용소와 같은 곳이다.

휘종 흠종 두 황제는 1128년 통새주로 옮겨져 1,500경(가로 세로 10Km)의 땅을 하사받아 밭을 개간하여 자급자족하며 지난날의 부귀영화를 추억하며 비참하게 목숨을 연명하다가 휘종은 1135년 4월 21일 죽고 흠종은 20여년 더 살다가 1161년 5월 19일 치욕의 생을 마쳤다.

그토록 풍요롭고 생활이 윤택하고 학문과 문화가 번성하던 송나라가 이처럼 비참하게 멸망한 이유는 그 정신적 기반이 도교를 숭상하고 음양오행··사주팔자·부적·풍수지리·궁합·역술과 무격(巫覡)에 도취하여 지성이 혼미해졌기 때문이라는 교훈을 삼아야 한다.

지금 우리나라는 송나라 말기와 너무도 흡사하다고 보는 게 필자의 견해이다. 기독교인들까지 역술인과 점쟁이들을 찾아가서 미래와 길흉을 묻고 저들의 요설(妖舌)을 신뢰하고 있으니 과연 이 나라의 미래가 어찌될지 매우 염려스럽다고 생각된다.

10. 역술에 대한 성경적 경고

『몸은 죽여도 영혼을 능히 죽이지 못하는 자들을 두려워 말고 오직 몸과 영혼을 능히 지옥에 멸하시는 자를 두려워하라.』 (마태복음 13장 28절) 고 예수께서 말씀하셨다.

사람의 미움을 받고 사람의 진노를 당하는 것보다 하나님의 미움을 받고 하나님의 진노를 당하는 것이 더 두렵다는 것은 상식이다. 초대교회 수많은 성도들이 십자가에 매달려 죽고 원형 경기장에서 사자 밥이 되어 죽어가면서도 그 신앙의 정절을 끝까지 지켰다. 우리의 신앙의 선배들도 신사참배를 거부하다 옥에 갇히고 고문을 당하다 순교했다.

지금 우리는 풍요와 자유를 만끽하는 시대를 살면서 하나님의 택함을 받고 신앙생활을 하고 있다는 것은 얼마나 놀라운 은총이며 특권인지 모른다.

그런데 사사로운 문제나 잠깐의 착각으로 무속인이나 역술인을 찾아가 길흉을 묻고 궁합을 보고 운수풀이를 한다면 이를 가볍게 지나칠 실수라 착각해서는 안 된다. 오늘 한국교회 성도들은 이와 같은 행위들이 있다면 조용히 신앙양심으로 돌아가 깊이 생각해 보고 회개해야 한다.

그리스도인들 뿐만 아니라 누구라도 무속인을 신뢰한다든지 저들의 방책인 부적이나 사주풀이 풍수지리 등을 신뢰하여 자신의 생활 속에 그 영향을 받고 살아간다면 이는 큰 재앙이 된다는 것을 인지해야 한다.

그 이유를 짚어보겠다.

첫째. 하나님께서 십계명을 주실 때 『첫째. 나 이외에 다른 신을 섬기지 말라. 둘째. 너를 위하여 우상을 만들지 말라. 하늘에 있는 것이나 땅에 있는 것이나 땅 아래 물속에 있는 아무 형상도 만들지 말고 거기 절하거나 섬기지 말라 나 여호와 너희 하나님은 질투하는 하나님인즉 나를 미워하는 자의 죄를 갚되 삼사대까지 이르게 하리라.』하셨다.
신접한 무속인들이나 역술인들에게 묻고 의뢰하는 행위는 하나님 아닌 다른 신을 신뢰하고 그 영향력을 참고하겠다는 행위로 첫 계명을 범하는 범죄이다. 만일 첫 계명을 범하고도 정상적인 그리스도인이 척 하나님과의 관계에서 아무 문제가 없는 것처럼 착각하지 말기 바란다.

둘째. 『남자나 여자가 신접하거나 박수가 되거든 반드시 죽일 지니 곧 돌로 그들을 치라 그 피가 자기에게 돌아가리라.』(레위기20장 27절) 하셨다. 만일 구약 율법시대라면 박수나 무당은 돌로 쳐 죽임을 당할 저주받은 불쌍한 사람들이며 그리스도인의 입장에서는 구원해 내야 할 전도의 대상이다. 이와 같은 무속인들을 신뢰하여 가까이 하는 행위는 하나님의 진노를 유발하는 행위이다.

사울은 왕이 되기전 하나님의 신에 크게 감동된 사람이었다. 불레셋의 공격으로 나라가 위태로울 때 하나님은 그를 통하여 크게 승리케 하시고 왕으로 세우셨다. 그러나 하나님의 뜻을 거역하고 자기중심적인 신앙이 되니 기도 응답이 없었고 답답한 일을 당하게 되었다. 이때 그는 옷을 갈아입고 변장을 하고 신접한 여자무당을 은밀히 찾아갔다. 무당은 그를 한눈에 알아보고 『당신은 어찌하여 나를 속이셨나이까 당신은 사울이니이다.』했다. 여기서 사울왕은 그 무당에게 원하는 대답을 듣기는 했으나 결과적으로 하나님이 미워하시는 일, 저주받은 무당을 신뢰하는 죄를 범하게 되었다. 그때부터 사울의 길을 더욱 어렵고 풀리는 일이 없었다. 차츰차츰 재앙과 진노의 구렁텅이로 떨어져 내려가기 시작했다.

역대상 33장 13절에 『사울이 죽은 것은 여호와께 범죄하였음이라. 저가 여호와의 말씀을 지키지 아니하고 신접한 자에게 가르침을 청하고 여호와께 묻지 아니하므로 여호와께서 저를 죽이시고 그 나라를 이새의 아들 다윗에게 돌리셨더라.」고 했다. 믿음의 왕 히스기야의 아들 므낫세는 그 아비의 신앙을 본받지 아니하고 『신당을 다시 세우고 바알을 위하여 단을 다시 쌓고 하늘의 일월성신을 다시 숭배하여 섬기고 점치며 사술과 요술을 행하는 신접한 자와 박수를 신임하여 여호와 보시기에 악을 많이 행하여 그 진노를 격발하였다.」(역대하 33장 1절 −7절 참조)고 기록되어 있다.

레위기 19장 31절에 『너희는 신접한 자와 박수를 믿지 말며 그들을 추종하여 스스로 더럽히지 말라. 나는 너희 하나님 여호와라.」 하셨다.

그리스도인이 아닌 누구라도 역술이나 무속을 가까이 하는 것은 지성이 혼미해지고 저주받는 우매한 행위이다. 특히 그리스도인들이 스스로를 더럽히고 진노의 대상이 되는 죄를 범하였다면 그 어리석음을 깨닫고 철저히 회개해야 한다.
하나님은 질투하시기까지 우리를 사랑하신다. 하나님의 진노가 임하는 〈어리석은 무속과 역술을 신뢰하는 죄를 버리고 철저하게 회개하라!〉는 이것이 오늘 한국교회를 향한 하나님의 엄숙한 경고임을 밝혀둔다.

11. 무속의 피해사례

사례 : 내 젊음을 팔고 뼈를 깎는 고통으로 번 돈을 무당에게 다 갖다 바쳤다. 추운 날 몇만원짜리 코트 하나 사 입지 못하고 돈만 생기면 초 켜고 기도 올리고 굿하고 치성드리고 기도 다녔다. 원만한 무당보다 더 기도 다녔다. 굿은 항상 330만원, 550만원, 770만원 뒷돈은 따로 있었다. 천 오백짜리 굿한 언니들도 많았다. 전세금 빼서 보증금 빼서 이미 무당에게 바치고 고시원에서 살면서 돈 벌어서 돈만 생기면 무당에게 갖다 바쳤다. 남친이 준 로렉스 시계도 무당에게 바쳤고 명품가방을 선물 받으면 영수증 챙겨서 무당이 필요한 것으로 바꿔서 선물했다. 분위기가 그렇게 된다. 나도 아이큐가 139인 사람인데도 당시에는 그랬다. 처음 내가 사기를 당한 것이라는 것을 아는 것조차도 어려웠다. 사기 당했다고 인지하는 것도 어려웠을 뿐더러 혹사라도 무당을 욕하거나 그러면 신벌을 받을까봐 두려워서 어디 가서 하소연도 못했다.

* 신벌 – 신이 내리는 벌. 이게 무당의 18번이다. 거의 10년
이 넘게 번 돈을 밥도 제대로 사 먹지 못하고 무당집에서 얻어
먹으면서 현금만 생기면 다 갖다 바쳤다. 솔직히 이젠 돈보다
도 그 무당집에서 매일 108번하고 기도했던 게 더 억울하다.
차라리 그 정성을 부처님께 드렸다면 얼마나 복을 받았을까.
하여간 일하면서 생기는 돈은 매달 꼬박 꼬박 모두 무당에게
갖다 바쳤다. 그런데도 늘 무당에게 갚아야 할 돈이 있었다.
기도값, 등값, 초하루 쌀값, 부적값, 등등.

처음엔 내가 주었다고 생각했는데 아니었다. 그들은 묘하게 조
상운운하며 내가 죽는다며, 엄마가 죽는다며, 자궁에 살이 꼈
다며 풀어야 한다며 굿을 하라고 했다. 처음엔 한번만 하면 된
다고 해서 빚을 내서 했는데 무당들은 일수쟁이 끼고 있어서
사채까지 소개해 준다. 굿만 하면 모든 게 짠하게 다 해결되니
까 걱정하지 말라고 귀인이 나타나서 굿하느라 빌린 돈마저도
다 갚아준다고 해서 믿었다. 물론 어리석고 병신같이 믿었던
내가 가장 잘못이 크지만 이런 글을 올리는 이유는 제발 나 같
은 피해자가 또 나타나지 말라는 의미로 큰 용기를 내서 올리
는 것이다.
근데 여기서 알아야 할 것…. 처음엔 나도 병신이 아니었다.
당연히 의심도 했고 그랬다. 바보가 아닌 이상 당연한 것이 아
니겠는가. 근데 무당들이 뭔가를 보여준다. 초능력 비슷한 것
을 보여주거나 과거를 맞힌다거나 사발을 세 개 세운다거나 내
심장이 쾅쾅 울린다거나 환청이 들린다거나 꿈을 꾼다거나 그

- 76 -

럼 그런 초능력 비슷한 것을 보고 당연히 마음을 열고 믿게 된다. 그런데 십년 이상 돈을 날려본 결과 딱! 거기까지다. 사발세우고 돼지 세우고 해봤자 그 보여주는 것으로 끝이더라 이거다. 공수도 하나도 안 맞고 그리고 같이 사기당한 언니들을 보니까. 모두 착하고 힘들고 외롭고 그런 사람들만 당한 것 같다. 절대로 굿은 한 번에 끝나지 않는다. 희한하게 나중엔 문제 생길까봐 너무 해먹어서 빚쟁이가 되면 무당들이 털어내려고 한다. 이젠 굿도 안 해준다고 배짱을 튀기면 우리들이 매달렸다. 제발 해달라고…. 참으로 병신 같았다는 말 외엔 표현할 방법이 없다. 그렇게 몇 년 동안 나타난다던 귀인이나 돈은 안생기고 빚만 늘어갔다. 그래도 무당은 당당하고 할 말이 많다. 새로운 사실들이 속속 들어난다. 너 외할머니가 애 낳다가 죽었는데 그 죽은 태아령이 들러붙는 바람에 이번 일이 틀어졌다. 이 태아를 풀어줘야 한다. 그럼 또 치성이라도 해야 한다. 150만원,

친할아버지가 바람을 피워서 얻은 작은 마누라가 있는데 족보에 올려주지 않아서 한을 품고 죽어서 네 앞길을 막았다. 자기좀 풀어달라고 자꾸 네 앞길을 막으니까 풀어줘야만 잘 풀릴 수 있다. 그럼 또 푸는 굿을 하고 너무너무 공수가 안 맞으니까. 슬슬 의심하게 되면… 외국으로 가면 좀 나아진다고 해서 외국으로 보내서 외국에 갔다. 그렇게 다 빨아먹고 나를 잘라냈다. 그런데 거기에도 무당이 있었다. 이 무당에게 종국에는 내림굿 받았고 3,800만 원 정도 사기 당했다. 이 무당은 큰소리까지 쳤었다. 자기가 사기꾼이면 고소하라고 피켓 들고 항의

하라고 그럼 다시 돈 뺄어낸다는 말까지 했다. 신벌 운운하며 해볼 테면 해보라고 은혜를 원수로 갚는다고 우릴 몰아세웠다. 하도 욕을 해서 녹음기로 녹음까지 했었는데 어딧는지 모르겠다. 무당집에 다니면서 환청이 심해져서 어느덧 나도 지쳐갔다. 이때 일본 무당이 넌 신과물이라면서 더 이상 버티면 너도 죽고 부모도 죽고 조상도 어쩌고저쩌고 해서 내림굿을 하라고 했다. 3,800만원 들었다. 그런데 겪고 보니 너무 돈만 밝히고 사악했다. 다소 삼지창에 돼지를 세우거나 국 그릇 세 개를 세우거나 묘기를 보여주더라도 그것이 나를 도와주거나 좋은 일이 생기게 해주지는 않더이다. 욕해도 신벌도 안 받고 오히려 무당과 인연을 끝내니 좋은 남편만나 결혼도 했고요. 일본에 있는 무당들은 99% 한국에서 죄 짓고 도망간 사람들이고 서로 다 아는 사람들이라 한 통속이니까 조심하시구요 일본에 있는 한국 무당들은 깡이 좋아서 사기액수도 커요. 조심하세요.
(* 이 사례는 어느 사이트에서 발췌했습니다. 올려주신 네티즌님 감사합니다. 위하여 기도하겠습니다. 예수 믿으셔서 이전의 고통이 전화위복되시기 바랍니다.)

제 2 편

통일을 앞둔 북한과 종북(從北)연구

1. 북한분석

1945년 8월 15일 일본의 무조건 항복으로 우리나라는 해방이 되었다. 소련은 히로시마 첫 원폭투하 다음날 8월 7일 일본 외무장관이 모스크바 주재대사에게 미국에 중재를 요청했으나 오히려 다음날(8일) 일본에 선전포고를 하면서 총 한방 쏘지 않고 어부지리로 승전국 지위를 챙겼다. 김일성은 이 야비한 소련군의 앞잡이로 북녘 땅을 지배하기 시작하여 94년 7월 8일 사망하기까지 내각수상, 제1대 주석, 제 2대 주석을 연임하면서 46년간 북한을 지배했고 그 아들 김정일이 17년간, 그리고 지금 84년생 어린 김정은에 이르는 어처구니없는 3대 세습이 진행되고 있다.

1. 김정일의 악랄한 행적들

후계자로 낙점 받은 김정일은 1974년부터 모든 정책을 실질적으로 수행하면서 김일성에게 모든 경제가 잘 돌아간다고 허위보고를 했고 묘향산 별장에서 김영삼 대통령과의(1994년 7월 25일) 남북정상회담을 준비하는 과정에서 경제실무자들을 챙기면서 그동안 김정일의 실정과 허위보고를 파악하고 격노하여 질책하였다고 한다. 그리고 『앞으로 10년간 자신이 다시 정치일선에서 다스리겠다.』는 의지를 보이자 입지가 불안해진 김정일의 경호원들과 김일성의 경호원과의 총격전이 있었고 이에 충격을 받아 사망한 것을 과로로 인한 뇌경색으로 사망했다고 발표한 것이 김일성 사망의 정확한 진실이라고 필자는 알고 있다.

김정일은 실권을 장악한 74년부터 잔인하고 악랄한 방법으로 북한을 지배했다. 뿐만 아니라 그는 판문점 도끼 만행사건, 버마 아웅산 폭파 테러사건, 1차 연평해전, 제2차 연평해전, 천안함 폭침, 연평도 포격사건, 2차례의 핵실험, 미사일 발사 그리고 아직도 정확히 파악되지 않는 수많은 땅굴들 등 그의 잔혹한 행위는 『카다피는 그에 비하면 오히려 천사였다.』라고 평가되기도 한다. 그의 통치행위는 숙청이며 공개 총살과 정치범수용소와 핵무기라 할 수 있다. 김정일이 핵무기에 집착했던 이유는 인질범이 수류탄을 들고 너 죽고 나 죽자는 식의 세계를 향한 협박이 통하고 있었기 때문이다.

그의 숙청은 잔인하고 예측이 불가능했다. 사실 북한체제에서 김정일의 명령이 없이 어떤 일도 실행 할 수 없게 되어 있다.

그의 지시를 받아 화폐개혁을 실시한 박남기는 개혁이 실패하자 책임을 그에게 뒤집어씌워 2011년 4월 평양의 간부들을 모아놓고 공개 총살해 버렸고 7촌 이내 친척들 38명을 정치범수용소로 보내져 죽기도하고 인간이하의 생활을 하고 있다고한다. 김정일은 평생을 충성한 측근들이라도 이런 식으로 공개처형을 하니 충성하겠다고 나서기도 겁날 것이다. 까딱하면 모든 책임을 덮어쓰고 갑자기 숙청당할 테니 그 긴장된 삶이 얼마나 고달프겠는가. 가히 살아있으나 그 심리적 상태는 지옥과같을 것이라 생각된다.

2. 주체연호(主體年號)

지금 북한에서는 주체연호를 사용한다. 북한의 모든 공식문서는 물론 서신 출판물 유가증권 증명서 우표 건축물 기념물 등에 김일성이 태어난 1912년을 기준으로 연도를 표기할 때에는반드시 '주체 90년(2001)' 주체 100년(2011)으로 표기하고1912년 이전의 연도는 종전대로 1911년으로 표기된다.

김일성은 해방 후 북조선 인민들에게 '조선민주주의인민공화국' 이 완수되면 『모든 인민들이 골고루 흰 쌀밥과 고깃국과기와집』에서 살게 될 것이라고 지속적으로 선전했다. 해방 후그리고 6.25이후 지리산 등지에서 활동하던 빨치산들도 항상『조선민주주의인민공화국 만세!』 『위대한 수령 김일성장군님만세!』를 외쳤고 위와 같은 이상향이 실현 될 것이라는 허황된 착각 속에서 살았었다. 그러나 과연 해방 이후 66년이 되었음에도 주체 100년이 되었음에도 현재의 북한 실상은 과연 어떤가. 2007년 보건복지부가 국회에 제출한 북한보건의료실태 자료에 의하면 남북한 국민의 평균 수명은 14세나 차이가 나고 키는 10cm, 몸무게는 13kg이나 차이가 난다고 했다. 북한 5세 이하 아동 78%가 영양실조, 육아여성 30%가 영양실조와 빈혈상태라고 하니 아마 지금은 더 악화되었을 것이다.

3. 북한의 변화가능성

역사적으로 보면 북한(함경도, 평안도) 사람들은 생활력이 억세고 개성이 강한 분들이다. '또순이 함경도 아줌마' 란 말이 그래서 있는 것이다. 6.25때 월남하신 북한이 고향이신 분들이 지금 대부분 각 분야에서 안정되고 성공적인 삶을 사시는 것을 보면 알 수 있다. 또한 남남북녀라고 북한에는 미녀들이 많다는 옛말이 있다. 이와 같은 북한사람들이 그 개성과 가능성을 개발하지 못하고 김씨 일가에게 인질이 되어 굶어죽고 숙청당해 죽고 남한의 절반도 안 되는 2,400만 명이고 남은 사람들은 공포와 두려움으로 숨죽이고 있는 것이다.

이는 꼭 죽순이 6년 동안 잠잠하고 있다가 어느 날 갑자기 자라기 시작하면 40일 만에 16M나 하루에 1M씩 자라는 것처럼, 매미가 유충으로 땅속에 7-17년간(매미의 유충기간이 17년까지 간다고 조회된다.)응축된 생명으로 숨죽이고 있다가 껍

질을 벗고 하늘로 날아오르는 것 같이 억압으로 잠잠하게 있는 듯 하지만 북한의 변화는 어느 날 갑자기 예측 할 수 없을 때 올 것이라 생각된다.

4. 북한을 위해 기도하는 그리스도인들

한경직 목사님, 김창인 목사님, 장기려 박사님 그밖에 수많은 하나님의 사람들이 일평생을 북녘을 위해 기도했는데, 그리고 정치범수용소에서 지하교회에서 기도하고 있을 텐데, 공개처형 당하면서 얼마나 많이 기도하고 순교했을 텐데 어찌 하나님은 침묵하고 계신지 왜 이토록 잠잠히 계신지 도대체 알 수가 없다. 아니 이해 할 수가 없다.

그리고 남한 내에 어찌 이렇게 종북세력이 활개를 치고 번성하는지 그것도 의문이다. 우리는 여기서 미래를 예측하고 준비하는 혜안을 가져야 한다. 과연 이 시대에 말씀하고 계신 하나님의 의도는 무엇인지 역사의 미래가 어떻게 진행될지를 바라봐야 한다.

2. 김정일 사망과 조문행렬

남북분단의 원흉 6.25 전쟁 참화와 이산가족의 장본인 북한 2,400만동포를 역사 이래 가장 참혹한 생지옥으로 만든 김일성 가문의 3대 세습과 김정일의 사망을 목격하면서 지금 남한 내에서는 희한한 일들이 벌어지고 있다.

2만 명이 넘는 탈북자들은 김정일의 사망 소식을 북한의 대부분 주민들이 기뻐 할 것이라고 하는데 남한 내에서는 수많은 시민단체 야당 종교단체들이 독재자의 죽음을 애도한다고 발표하며 조문하러 가겠다고 한다.

지난 2011. 12. 20일 영국 북한대사관 앞에서 탈북자들이 김정일 국방위원장 사망을 축하드리며 라는 한글과 영문 유인물과 현관문 앞에 사망을 축하한다는 꽃다발도 놓고 만세 구호를 외치고 박수를 치고 "인민의 손으로 독재자를 심판하지 못해 아쉽다. 언론에서 북한 주민들이 모두 슬퍼하는 것처럼 보도하는 것이 안타까워 행동에 나섰다"는 뉴스가 있었다. "지금 북한 주민들은 기뻐하고 통쾌하게 여기고 있으며 방송에 눈물 흘리는 모습은 살기위한 어쩔 수 없는 연기이며 방송용 이라는 것을 알리기 위하여 행동했다." 고 했다.

이와 같이 원한이 사무친 마음을 헤아리고 있는지 모르지만 이명박 정부는 논의 끝에 김대중 대통령 미망인 이희호 여사와 정몽헌대표의 부인 현정은씨를 답례차원으로 조문방북을 육로를 통하여 판문점을 통과하게 했다.

사실 김정일은 정상적 우리국민들이라면 애도하거나 조문할 대상이 아니다. 그는 북한 주민들에게 돌에 맞아 죽어야 할 카다피보다 훨씬 더 악당이기 때문이다. 카다피는 그에 비하면 오히려 천사였다고 하는 사람들이 있다.

지금 이명박 정부와 야당, 시민단체, 종교단체 등 북한에 호의적인 분들이 간과한 부분이 있다. 이는 북녘동포들의 고통을 연장케 하는 일이며 북한의 김정일 김정은 체제를 도와주는 것이기 때문이다. 북한 주민들은 김일성 김정일 김정은 체제가 위대하고 존경받기 때문에 이렇게 남쪽에서도 조문단을 보내고 슬퍼하고 있다고 선전하고 이용하고 있기 때문이다. 세계역사에 유래가 없는 위대한 지도자이기 때문에 남조선에서 조차 저토록 슬퍼 조문을 오고 존경한다고 하니 우리 북조선 인민들은 배고프고 숙청당하고 정치범수용소로 보내져도 그저 잠잠해야 한다는 무언의 메시지와 압력을 주고 있기 때문이다.

1993년 김영삼 정부 시절 34년간 감옥에서 복역하면서도 마음을 바꾸지 않은 지리산 빨치산출신 비전향 장기수 '이인모'란 자를 북한으로 송환해 준 적이 있었다. 이때 '공화국영웅' 칭호를 받고 '신념과 의지의 화신'으로 불리며 대대적인 환영식을 베풀고 신문이나 방송에서 "남조선에서 34년이 넘도록 김일성 장군님을 배반하지 않은 영웅이라고, 김일성은 세계적인 지도자이며 남조선에서도 존경하고 따르는 사람들이 많이 있다고" 북한 주민들이 체제에 저항하거나 반대하지 못하게 하는 엄청남 효과와 영향을 주고 있는 것이다. 김대중, 문익환 목사나 한상렬 같은 자들이 방북했을 때도 얼마나 큰 선전도구가 되었는지 생각해 봐야 한다. 이는 하루속히 통일이 이루어지기를 소망하는 북한 주민들에게는 어처구니없는 이해할 수 없는 희한한 일이다.

야당과 시민단체와 종교단체들의 주장은 북한과 관계를 개선하여 평화를 위하여 큰일을 한다고 할는지 모르지만 이것은 대단한 착각이다. 오히려 자신들의 입지를 강화하려는 것이 아닌가 생각되기도 한다. 북한은 처음에는 외국 조문단을 일체 받지 않겠다고 하더니 이런 점을 정확히 파악하고 있기 때문에 남측 조문단을 모두 받겠다고 성명을 발표하고 초청장을 발송하는 것이다. 오히려 효과적인 활용 할 수 있는 기회라 여기고 하는 행동이라고 보인다.

김정일을 위하여 만들고 관리하던 조직지도부 제 5과의 별장마다 훈련하여 향락과 유희를 위하여 관리하던 수백 명의 기쁨조 여성들은 오로지 김정일을 위한 조직이었다. 그런데 주인공이 사망하였으니 아비의 유희대상을 아들이 상속받을 리가 없다. 만일 김정은도 그 아비처럼 한다면 자기에 맞는 어린 기쁨조를 다시 선발하지 않겠는가.

그렇다면 김정일 생존에서도 가끔씩 충성하는 부하들에게 분양했다고 하는데 측근들과 당 간부들이 각기 분양받아 나누어 가질 것이라 생각되기도 한다. 당 간부들 입장에서는 기분 나쁘거나 불쾌할 리가 없을 것이다. 이것이 지나친 생각일까.

시민단체와 야당 그리고 종교단체들은 이와 같은 면을 생각해야 한다. 애도한다든지 조문한다든지 하루속히 새 세상이 오기를 고대하는 불쌍한 우리 형제들에게 그 절망과 고통을 지속하게 하는 일에 이용당하지 말기 바란다.

3. 김일성 주체사상(主體思想) 연구

1. 주체사상(主體思想)

주체사상(主體思想, Juche Idea)은 조선민주주의인민공화국의 공식이념으로 모든 인민이 평등하게 골고루 잘 산다는 김일성주의(金日成主義)라고 주장한다. 그러나 허구와 거짓말임을 인지해야 한다. 왜냐하면 모든 인민이 평등하게 골고루 잘 산다는 이론과는 상반되게 인류역사 어느 시대에도 없었던 희한하고 해괴한 김일성 1인 신격화 우상화로 변질되었고 모든 국민이 노예보다 더 못한 참혹한 삶을 살고 있기 때문이다.

『사람이 모든 것의 주인이며 모든 것을 결정한다. 사람이 세계와 자기 운명의 주인이며 사람이 모든 것을 결정하고 자연과 자기운명을 개척하는 결정적 역할을 한다. 사람은 가장 탁월한 물질적 존재이며 물질세계발전의 우수한 산물이기에 자주성,

창조성, 의식성을 지닌 존재이다. 인민이 혁명과 건설의 주체로서 세상과 사회를 발전시키는 결정적인 요인이며 이를 통하여 인민의 지위는 강화된다. 역사적으로 인민이 사회의 주체가 되지 못하여 역사를 자주적으로 개척할 수 없었으나 노동계급의 혁명적 영도와 투쟁의 결과로 착취와 압박에서 해방되어 사회와 자기운명의 참다운 주인으로서 역사를 의식적으로 창조해 나갈 수 있다.」고 주체사상의 이론을 전개한다.

여기까지는 그럴듯한 이론이다. 그러나 그 다음부터가 문제가 된다.「최고 지도자가 없이는 노동계급이 승리할 수 없다. 그러므로 인민대중은 당과 수령의 올바른 영도를 받아야만 한다.」고 김일성의 1인 독재를 정당화하기 시작한다.
「사상에서 주체를 세워야 정치 경제 국방 등 모든 분야에서 주체를 세울 수 있고 사상에서 주체를 세운다는 것은 모든 문제를 자기 힘으로 풀어나가는 관점과 태도를 가지는 것으로 혁명사상과 당의 노선과 정책으로 무장하여야 한다.」고 유일사상체계를 정당화하고 있다. 주체사상에서 말하는 정치에서 자주는「노동계급과 인민대중이 국가와 사회의 주권을 쥐고 주인이 되는 것이며 대외관계에서는 완전한 자주권과 평등권을 행사하는 것이 필요하다. 이를 기초로 자주성과 국제주의를 결합시킨다.」는 것이 목표이다.

주체사상의 1) '인간중심 세계관'은 인간이 자기 운명의 주인이며, 2) 인간중심의 세계관은 노동대중 중심주의로, 노동계급의

선도자로서의 당의 역할. 3) 그리고 당의 유일한 리더로서 김
일성, 김정일의 개인 독재를 합리화시키기 시작하여 이후 개인
숭배 우상화로 이어지는 사상적 근거가 되었다.

주체사상에 의한 남북관계는 - 휴전선 남쪽을 아직까지 미국
의 점령하에 있으므로 해방되어야 할 지역으로 혁명은 아직 진
행 중이라는 주장이다. 그러므로 미국산 쇠고기나 한미 FTA는
허용해서는 안 되는 미국에 종속되는 매국행위이므로 극렬히
반대하는 것이다. 주한미군은 철수해야 하고 미국을 완전히 몰
아내야 한다는 것이다. 이것이 남한 내에 활보하는 민족자주
친북 종북세력들의 사상적 기초라 할 수 있다.

세계 10대 종교로 선정된 김일성 우상화

종교 관련 통계를 조사해 공개하는 미국의 '어드히런츠 닷컴'
(adherents.com)은 북한의 '주체'를 종교로 분류했다. 조선
민주주의인민공화국 철학사전은 수령을 『혁명과 건설에서 절대
적 지위를 차지하고 결정적 역할을 수행하는 당과 혁명의 탁월
한 영도자"라고 정의하고 여기서 수령을 '절대적'이라고 함
으로써 종교적 성격을 드러내고 있다.
김일성수령에 절대적 추종은 이러한 종교적 정서를 권력구축에
활용한 것이다. 북한의 어휘를 살펴보면 '수령님!' '어버이!'
등 김일성을 인간이 아닌 신처럼 신격화하고 숭배하는 어휘들
이다.

'유일사상체계 확립 10대원칙'

김정일은 1974년 아버지 김일성의 생일을 기념하여 '유일사상
체계 확립 10대원칙'을 만들어 헌법위에 군림하게 된다. 이
는 김일성이 생각하고 행동하는 대로 북한의 주민전체가 생각
하고 행동해야 한다는 김일성 사이비 종교집단의 십계명과 같
다고 평가해야 한다.

그 내용을 보면.

1. 위대한수령 김일성동지의 혁명사상으로 온 사회를 일색화하
기 위하여 몸 바쳐 투쟁하여야 한다.
2. 위대한수령 김일성동지를 충성으로 높이 우러러 모셔야 한
다. 수령님을 높이 우러러 모시는 여기에 우리 조국의 끝없는
영예와 우리 인민의 영원한 행복이 있다.
3. 위대한수령 김일성동지의 권위를 절대화하여야 한다.
4. 위대한수령 김일성동지의 혁명사상을 신념으로 삼고 수령님
의 교시를 신조화하여야 한다.
5. 위대한수령 김일성동지의 교시집행에서 무조건성의 원칙을
철저히 지켜야 한다.
6. 위대한수령 김일성동지를 중심으로 전당의 사상의 지적통일
과 혁명적 단결을 강화하여야한다.
7. 위대한수령 김일성동지를 따라 배워 공산주의적 풍모와 혁
명적 사업방법, 인민적 사업 작풍을 소유하여야 한다.

8. 위대한수령 김일성동지께서 안겨주신 정치적 생명을 귀중히 간직하며 수령님의 크나큰 정치적 신임과 배려에 높은 정치적 자각과 기술로써 충성으로 보답하여야 한다.
9. 위대한수령 김일성동지의 유일적 령도 밑에 전당, 전국, 전군이 한결같이 움직이는 강한 조직규율을 세워야 한다.
10. 위대한수령 김일성동지께서 개척하신 혁명위업을 대를 이어 끝까지 계승하며 완성하여 나가야한다.

이 10대원칙은 각 절마다 세부원칙이 섬세하게 첨가되어 있다. 예로 셋째, "위대한 수령 김일성동지의 권위를 절대화 하여야 한다."에서 1)은 "위대한 수령 김일성동지 밖에는 그 누구도 모른다는 확고한 입장과 관점을 가져야 한다."라고 되어있다. 또 수령의 권위를 훼손하는 자들과는 비타협적으로 견결히 투쟁해야 한다고 강조되어 있다.

이후 북한에서 태어나는 사람이라면 어려서부터 이 원칙을 암기해야 하며 그것을 모든 학교와 직장과 가정에서 지켜야한다. 노동당원들과 근로단체들 온 국민들이 일주일에 한 번씩 혹은 열흘에 한 번씩 생활총화의 주제로 생활총화 때마다 자신의 생각과 말과 행동이 10대 원칙에 부합되게 실천했는지 반성하고 비판한다. 이러한 주체사상의 절대성과 종교성은 북한의 개방을 지연시키고 폐쇄된 사이비 종교집단처럼 만들어 버렸다.

주체사상으로 오염된 남한의 정당, 시민단체, 종교단체들이와 같이 희한하고 어처구니없는 광신적인 주체사상을 추종하고 신봉하는 친북 종북 세력들이 지금 우리들 중에, 남한 내에 얼마나 많이 있는지 정부당국은 제대로 파악하고 있는지 모르겠다. 저들은 민주주의와 인권, 언론자유, 그리고 친일청산과 반미를 주장하면서 여론을 호도하고 거짓 선전 선동을 일삼고 집단행동을 하며 정치계와 교육계, 종교계 법조계까지 기승을 부리고 활개를 치고 있다.

중앙대 교수였던 시사평론가라는 진중권씨가 민주노동당을 탈당하면서 인터뷰한 내용을 보면 『김일성교시를 듣고 눈물을 흘리고. —김일성 김정일 초상화 앞에서 묵념을 올리고. —어떤 문제 앞에서 "만일 김일성주석이라면 지금 어떤 생각을 할 것인가" 라고 주체사상을 자신의 생각과 말과 행동에 적용하고, 같은 당원(동지)들의 신상과 성분을 파악하여 북측으로 CD등을 만들어 보낸다는 등 이와 같은 현상을 목격하고 자신이 탈당하게 되었다고 하는 기사를 검색한 적이 있다.

4. 통일의 그날이 오면

최근 민주노동당(현 통합진보당)에 입당했다가 탈당한 진보논객 진중권 씨가 본 바에 의하면 ①김일성 신년사를 듣고 눈물을 흘리고 초상화 앞에 묵념을 하며 ②당원 등의 성분을 파일로 북한에 전송하여 보고하고 ③어떤 문제에 대하여 김일성 수령이라면 이 문제에 어떻게 대처했을까 하는 등 북한을 본부로 둔 지사와 같은 행태를 당 내에서 목격했다고 폭로했다.

또 민주통합당을 탈당하여 '정통민주당'을 창당한 후 새누리당에 입당한 김대중 대통령 전 비서실장 한광옥 씨에 의하면 당을 주도하는 친북좌파 목소리를 내는 사람들은 "우리가 다시 정권을 잡으면 두고 보라"고 엄포를 놓고 있다고 한다. 이들은 한·미 FTA와 제주해군기지를 날리는 정도가 아니라 '2013년 체제'라는 청사진에서 "'수구동맹'을 타파하고 남북연합을 "돌이킬 수 없게" 하겠다고, 말이 '수구동맹 타파' 이지 그것은 8 · 15 건국 이래 대한민국 가치 자체와 수호 세력, 그리고 그것에 기초해 있는 현 체제를 NL적으로 타파하고 변혁하자는 말로 통하는 것이다" 라는 기사를 읽었다

만일 그들의 『2013 이후 체제변화 청사진』 대로 주사파들이 집권한다면 과연 어떤 일이 일어날까를 상상해 보자.

첫째, 6 · 15 공동 선언을 기초로
1. 국가보안법 철폐. 2. 주한미군 철수. 3. 국방비 감축
4. 한미FTA 및 제주해군기지 폐기
5. 남북 경협강화로 북한에 퍼주기 재개
6. 공공연한 김일성찬양 주체사상 친북시위
7. 보수 정치인과 보수 논객 등에 대한 숙청(최근 어느 사이트에서는 통일 후 숙청해야 한 대상으로 남북연합을 방해하는 보수논객 명단을 작성한 적이 있었다)
8. 대기업 해체
9. 과도한 복지정책으로 국가재정 파탄과 같은 일들이 일어날 것이라 판단한다.

둘째, ①중국 장개석 군대는 미국이 제공해 준 군사무기와 장비를 가지고도 1949년 모택동에게 대만으로 쫓겨간 것 같은 현상이 일어날 것이며 ②월남 티우 정부가 당시 세계 4위의 공군력과 군사력을 지니고도 보잘 것 없는 월맹군에게 멸망한 것 같은 현상이 일어날 것이라 상상한다.

필리핀은 1966년 당시 세계경제 8위이자 아시아에서 일본 다음으로 부유한 나라였다. 박정희 대통령이 1966년 마닐라를 방문했을 때 마르코스 대통령은 만나주지도 않았고 농림부 장관을 만나 볍씨만 얻어 돌아온 적이 있었다.

이 필리핀이 몰락한 이유는 마르코스의 독재와 부패 때문이 아니라, 수빅(Subic)만에 있던 미 해군 기지를 철수하라며 쫓아버리면서 추락하기 시작했다. 지금은 국민의 30%가 식생활도 해결하지 못하고 한국으로 품을 팔러오는 최빈국으로 추락한 것 같은 현상이 우리나라에도 일어날 수 있다.

셋째, 만일 남북연방제 국가가 성립되어 북한에 의해 통일된다면 개혁이란 미명 하에 아마 국민 1/3은 숙청되리라 본다. 이때 가장 먼저 숙청할 대상은 월남이 공산화된 후 그랬던 것 같이 그동안 남한 내에서 이중적으로 친북을 주도했던 인물들이다. 지금 시리아에서 내란이 일어나 하루 1,000명씩 학살되어도 국제 사회가 어떻게 간섭하지 못하는 것과 같은 현상이 일어날 것이라 판단한다.

그러므로 이와 같은 비극을 막으려면 하루속히 북한 체제가 무너지는 통일이 이루어져야 한다. 주체사상으로 위장한 김일성 일가의 사이비 종파 같은 광신적인 신격화와 폭정이 바람에 날려가는 검불처럼 아침 안개처럼 사라지는 통일이 이루어져야 한다.

동·서독의 베를린장벽이 무너진 것처럼, 70년 소비에트연방이 하루 아침에 붕괴된 것처럼, 리비아의 카다피가 몰락한 것처럼 북한 체제가 무너지는 통일이 되어야 한다.

그와 같은 통일이 오면 주체사상으로 북한정권을 추종하는 NL 친북 좌파세력들은 끈 떨어진 연처럼, 닭 좇던 개 신세가 될 것이다.

그래야 새누리당, 민주통합당, 자유선진당, 통합진보당 등 보수와 진보의 대립과 갈등과 분열이 눈 녹듯 사라질 것이다.

그날이 오면

그날이 오면 그날이 오면은
삼각산이 일어나 더덩실 춤이라도 추고
한강물이 뒤집혀 용솟음칠 그날이
이 목숨이 끊기기 전에 와주기만 할양이면

나는 밤하늘에 나는 까마귀와 같이
종로의 인경을 머리로 들이받아 울리오리다.
두개골은 깨어져 산산조각이 나도
기뻐서 죽사오매 오히려 무슨 한이 남으오리까.

그날이 와서, 오오 그날이 와서
육조(六曹) 앞 넓은 길을 울며 뛰며 뒹굴어도
그래도 넘치는 기쁨에 가슴이 미어질듯 하거든

드는 칼로 이 몸의 가죽이라도 벗겨서
커다란 북을 만들어 들쳐 메고는
여러분의 행렬에 앞장을 서오리다.
우렁찬 그 소리를 한번이라도 듣기만 하면
그 자리에 거꾸러져도 눈을 감겠소이다.

- 심훈 -

위 시를 쓴 심훈 선생은 일제의 탄압에서 조국의 해방과 독립
을 그토록 사모하며 기다렸다. 감시와 박해로 감옥에 투옥되고
병을 얻어 35세의 젊은 나이에 세상을 떠나면서 얼마나 해방
의 날이 보고 싶었을까. 선생께서 만일 지금처럼 번영한 조국
을 보셨다면 얼마나 기뻐했을까.

우리 민족에게 통일의 그날이 오기만 한다면, 서해안을 뒤덮은
기름띠를 제거하려 너도나도 앞다투어 해변으로 달려가던 것처
럼 그렇게 하나가 될 것이다. 월드컵 때 온 국민이 붉은 티셔
츠로 갈아입고 거리로 뛰어나와 함께 함성을 지르며 감격하던
그런 일이 일어날 것이다.

그렇게 휴전선이 허물어지는 통일의 날이 오면 남과 북, 진보
와 보수 모두 함께 한 핏줄 한 형제임을 노래하며 부둥켜안고
눈물 흘리는 날이 될 것이다.

36년간 일제의 압제와 착취에서 해방되면서 만세를 부르며 감격하던 것처럼 통일의 그날이 오면 우리 민족은 진정한 국민화합이 이루어 질 것이다.

5. 친일파 나치전범과 종북좌파(NL) 비교

1. 전쟁시도 아닌데 인육(人肉) 먹는 북한 사람들

최근 탈북자를 돕는 단체를 통하여 국내에 입수된 북한 인민
보안성의 민법과 형사소송법 등 방대한 내부 비밀자료(2009년
6월 발행)의 내용 중 군 통신선을 절단해 식량과 바꾸다 적발
된 사건, 생활물자를 공급하는 관리소장이 식료품과 구제물자
를 횡령한 사건 등 식량난을 참지 못한 범죄가 대부분이었고,
특히 인육(人肉)에 대한 범죄가 다섯 건이나 되어 인육(人肉)사
건이 실재(實在)했음이 증명되고 있다.

6,000년 인류역사 중 기근과 굶주림으로 인육(人肉)을 먹는 비
극을 살펴보면, 1941년 6월 22일 나치 히틀러가 300만의 병
력, 3,300대의 전차, 2,000대의 항공기, 7,000문의 대포 등

가공한 군사력으로 소련을 침공한 독소전쟁 당시

①히틀러의 목적은 소련을 해체시켜 슬라브인들을 청소하고 그 곳을 게르만 민족의 '생활공간(Lebensraum)'으로 만드는 것이었으니 포로들을 굶겨죽였다. 당시 기적적으로 살아난 한 소련군 포로의 증언에 의하면 극심한 기아에 서로를 죽이고 그 인육을 먹었다고 했다.

②레닌그라드 주민들- 독일군에 의해 레닌그라드 도시 전체를 봉쇄하여 식량반입을 금하니 400만 인구 중 200만이 굶어죽었다. 이때 어린아이가 하나씩 사라졌고 어느 이웃집 솥에서 자기 딸의 머리를 발견하고 도끼로 그 가족 모두를 살해한 사건도 있었다.

③독일군의 식인사건- 1942년 겨울, 당시 독일 제6군의 보급은 끊기고 소련군에 포위되어 있을 때, 한 중대원들은 극심한 굶주림에 인육을 먹기로 결정, "소련군을 먹어야 할까, 독일군을 먹어야 할까?" 독일 동료를 먹는 것은 파렴치한 것이고 슬라브인 살코기는 독일인의 위를 오염시킬 수도 있으므로 결국 동맹군을 먹기로 합의, 그들을 살해하여 푸주한이었던 병사가 살코기를 썰어 중대원들이 먹기 시작했다고 증언했다.

BC 860년경 이스라엘 북 왕국 아합왕 시대에 아람나라 군대가 사마리아 성을 에워싸니 성내에는 극심한 굶주림으로 두 여인이 "오늘은 내 아이를 먹고 내일은 네 아이를 먹자 했으나 내 아이는 삶아 먹었는데 자기아이는 숨겨두고 먹지 않는다"고 싸우는 사건이 있다.

이와 같은 사건들은 전쟁상태에서 아주 일시적인 사건들이었다. 그러나 지금의 북한은 전쟁 상황도 아니다. 일시적 사건이 아닌, 장기간 기근과 폭정으로 인류 역사상 가장 생지옥 같은 참혹한 비극이 지금 저 북녘 하늘 아래 우리 동포들에게서 일어나고 있다.

2. 북한인권법

이와 같은 참혹한 북한의 식량난과 인권에 대하여 미국은 2004년 북한인권법(North Korean Human Rights Act of 2004)을 상·하원에서 통과하여 2004년 10월 18일 발효했다. 법안 주요 내용은 북한 주민의 인권신장, 인도적 지원, 탈북자 보호 등을 담고 있다. 일본 역시 2006년 6월 23일 북조선 인권법(北朝鮮人權法)을 의회에서 의결 공포했다.

그러나 정작 우리나라에서는 18대 여대야소의 국회에서 190명의 의원들이 지지서명을 하고 20여개 탈북자 단체들이 법안통과를 촉구하는 릴레이 단식투쟁을 했음에도 2010년 2월 국회 외교통상통일위원회를 통과한 후 법제사법위원회로 넘어간 지 2년이 지나도록 제대로 심의하지 않은 채 자동폐기 될 위기에 처해 있다.

민주당 박0원 의원 같은 자는 "내가 종북(從北)주의자라고 비판받아도 북한인권법 통과는 안 된다."며 극렬히 반대하고 있다. 왜 그토록 반대하는지 국민들은 그들의 배경을 인지해야 할 것이다. 과연 이번 4·11 총선에서 새로 선출된 19대 국회에서는 어떻게 다룰지 주목해 보아야 한다.

3. 누가 북한동포를 난장이로 만들었는가

서울대 안병직교수의 한국경제성장사(韓國經濟成長史)를 보면
1. 남한 남자의 평균 키는 1913년 163cm, 1940년 166.12cm, 1956년 166.46cm, 1975년 169.2cm, 1985년 171cm, 1995년 172cm, 2002년 173.3cm 까지 높아졌다.
2. 그런데 2001년 북한 남자의 평균 키는 158cm로 남한보다 15.3cm가 작아졌고, 최근(2011년) 북한은 매년 3월 실시하는 징병(徵兵)에서 군 입대 가능한 신장 기준을 140cm에서 137cm로 내렸다고 한다. 이유는 1990년대 식량난(일명 고난의 행군) 이후 영양결핍으로 현재 입대 장병들의 신장이 작아져 계획된 인원을 채우지 못하고 있다는 것이다. 이 평균 키는 한일합방 이전 조선 말기보다 훨씬 더 작아진 것이니 가히 북한 주민들은 난쟁이가 되어가고 있는 것이다. 이보다 더 반민족적·반인륜적 범죄가 어디 있겠는가.

북한의 식량상태는 1인당 하루 소비(배급)량이 2차대전 발발직전 756g에서 1984년 약 800g까지 증가한 뒤 1996년에는 540g으로 하락하여 악화되었다. 2011년 세계식량계획(WFP)에 의하면 북한은 하루 식량 배급량이 200g인데, 그것도 평양 등

일부 제한된 지역에 한하니 타 지역 기근은 훨씬 더 심각할 것이다. 5-10년 이후 남북한 국민 신장차이는 더 심해질 것이다.

영남대 차명수 교수가 쓴 '제1장 우리나라의 생활수준, 1700-2000' 논문에 의하면 18세기 초부터 우리나라의 생활수준은 계속해서 악화되어 1900년경이 최악으로 조선조 말기 순조, 현종, 철종, 고종 시대까지 200여년간 무능한 왕권과 부패한 탐관오리들이 백성들을 착취하고 방치하여 식량생산이 격감했다.

생산력이 악화되고 백성들이 도탄에 빠지니 결국 일본에 의한 식민지배가 시작되었고 "일본에서 새로운 볍씨가 도입되고 일본인들이 水利시설을 재건, 확충하면서 비로소 (생활수준의) 하강이 중단되고 상승으로의 반전(反轉)이 일어나 1900년 후기부터 생활수준이 올라가기 시작했다"고 썼다.

이같은 현상은 인정하고 싶지 않지만 일제(日帝)에 의해 생활수준이 향상되었다는 지적이다. 그런데 지금 북한 주민들은 1995년부터 전쟁이 일어난 것도 아닌데 수백만명이 굶어죽고 있으니 19세기 말 조선말 수준보다 더 악화되어 지금 북한 주민들의 생활수준은 우리 민족사를 통틀어 최악의 상황이다.

4. 인권탄압은 또 어떤가

①인류 역사상 어느 나라 어느 독재자가 수용소를 만들어 자기 동족 수십만명을 가두어 놓고 공개 총살과 학살을 자행하고 있는가.

②어느 폭군이 수도에 100만평(350만평방미터) 대지 위에 1만 평(34,900 평방미터)의 궁전을 짓고 승마장, 돌고래쇼, 낚시터 등을 만들어 홀로 즐기고

③죽은 김일성과 김정일의 시체를 보관하는 '금수산 기념궁 전' 개조 비용 8억달러(8800억), 시신 영구보존 100만달러 (11억)를 쓰고 연간 80만 달러(8억8000만원)씩을 낭비하는 희한한 악당이 있겠는가.

④어느 독재자가 주민들의 국내 여행을 제한하는가.

⑤어느 폭군이 수백만명을 굶겨죽이면서 측근들과 상어 지느러미, 곰발바닥 요리를 먹고 한병에 수천달러 하는 최고급 꼬냑을 마시며 즐겼던가.

⑥굶어죽지 않으려 탈북하여 중국인들에게 성노리개로 팔려 다니게 했는가.

⑦어느 폭군이 전 국민 1년치 식량 살 돈으로 미사일 발사를 하고 대량살상 무기를 만들어 공갈을 일삼았던가 ⑧ 어느 폭군 이 주체사상이라는 해괴한 이론을 만들어 국민들을 세뇌하여 김일성 김정일은 인류의 위대한 태양이라고 신격화·우상화한 적이 있는가.

북한의 인권탄압과 우상화, 기근으로 인한 인육사건 등은 그 유래를 찾아 볼 수 없는 전대미문의 희한한 일들이다. 한 국가의 국민 전체를 이처럼 비참하게 만들 수 있다는 것, 그리고 그 체제가 지속되고 있다는 것이 참으로 놀라운 일이다.

5. 친일파(親日派), 나치전범보다 더 사악한 친북좌파(NL)

여기서 우리가 분명히 해야 할 사실이 있다.
①자유와 풍요를 누리는 남한 내에서 우리 동포들을 기근과 폭정으로 참혹하게 압제하는 폭군 김일성·김정일 일당을 추종하는 주체사상 주사파들 ②그 정권에 돈을 퍼주어 핵무기를 만들게 하고 ③그 악당을 진보니 민족주의니 하면서 편드는 자들 ④6·25남침으로 북한과 같은 생지옥이 될 위기에서 5만 4천명의 병사를 희생시킨 미군을 침략자라는 북한의 선전을 답습하는 자들 ⑤국가보안법을 폐기하고 주한미군을 철수시켜 연방제 국가를 만들어 월남이 공산화 된 것처럼 하려는 자들, 그들은 반드시 그 대가를 치르도록 해야 한다.

그들이 정치인이든 교수나 교사이든 법관이든 공무원이나 군인이나 언론인이든 노동자이든 그 누구라도 반드시 색출하여 심판해야 한다.

친북(親北) NL추종자들의 반민족적 행위는 친일파와 나치 전범자(戰犯者)보다 더 사악한 범죄자들이기 때문이다.

* 참조 : (NL- NLPDR(National Liberation   People's   Democratic Revolution) 민족해방민중민주주의혁명론(民族解放 民衆民主主義革命論) 이들의 지도이념은 북한 주체사상이고, 구체적 투쟁노선은 반미(反美)자주화 · 반파쇼민주화 · 조국통일이 목표이다.)

6. 통합진보당의 도덕성과 말장난

통합진보당이 2012년 4. 11일 총선 비례대표 4번에 공천된 전교조(전국교직원노동조합) 위원장 출신인 정OO 씨가 통진당 홈페이지에 전교조 여교사 성폭행범 비호사건에 대하여 "저는 피해자를 충분히 만족시키지 못했을 수 있으나 가해자를 옹호 하거나 의도적으로 피해자의 상처를 외면하고 아픔을 가중시켰 다는 문제제기는 받아들이기 어렵다"고 했다.

그 사건 배경을 살펴보면 2008년 미국산 쇠고기 수입반대 촛 불집회가 격렬할 때 시위를 주도한 것으로 알려진 민주노총(민 주노동조합총연맹) 위원장이던 이석행씨가 경찰의 수배를 받고 있을 때 전교조 조합원인 이 모여교사(당시 27세, 초등)에게 같은 연맹 조합원 B씨가 이 교사의 APT에 숨겨주기를 간곡하 게 부탁하여 거절 못하고 처녀혼자 사는 집에 2008년 12월 1 일- 5일까지 숨어있는 과정에서 이석행씨가 체포되었다.

범인 은닉죄 뿐만 아니라 전교조와 민노총이 촛불집회 배후협의가 밝혀질 것을 우려하여서인지 민노총 간부들이 여 교사에게 허위증언을 하도록 집요하게 회유 또는 협박 강요하면서 고분고분 말을 잘 듣게 하려는 의도였는지 모르지만 민노총 조직강화위원장인 김00씨가 APT에 침입하여 여러 차례 강간과 성폭행을 시도하여 피해자에게 큰 상처와 충격을 준 사건이다. 여기서 『여러 차례 성폭행을 저질렀다.』는 것과 『완강한 저항으로 뜻을 이루지 못하였다.』는 그 상황이 어떠했으며 어떤 일이 있었으면 피해 여교사가 그토록 고통스러워하는지를 주목해야 한다.

이와 같은 사례에 대하여 '반국가교육척결국민연합'에서는 『이와 같은 사건은 빙산의 일각으로 소위 진보좌파운동권 내에서는 성(性) 자체를 투쟁의 도구로 삼는 동시에 공유해야 할 자산으로 여기는 습성이 있기 때문에 드러나지 않고 있는 ´성추행, 성폭행, 혼숙과 강간사건´은 일상화 되다시피 한다.』고 비난하고 있다.

이 사건이 언론에 이슈화되니 민노총과 전교조내의 징계과정에서 당시 전교조위원장이었던 위 정00씨가 피해 여교사에게 범인의 처벌과 재발방지를 약속했다. 피해 여교사는 이를 믿고 신뢰했으나 저들의 위선과 이중적인 태도에 배신당하여 분노하고 있는 것이다. 피해 여교사는 성폭행 당한 상처뿐만 아니라 정00씨에게 어떤 파렴치한 행태와 배신감을 당하였으면 그토록 고통스러워하는 지를 생각해 보아야 한다. 이에 대하여 2012. 3. 13일 MBC 100분 토론에서 한 시민논객이 정00씨의 비례대표 공천 부당성을 통합진보당 공동대표인 유시민씨에게 제기하자 도리어 "정00 전 위원장이 성폭력 사건을 무마하려 했다는 근거는 있느냐 사실을 제대로 알고 문제제기 하라"고 면박을 주는 답변을 필자도 목격했었다.

피해 여교사는 이 방송에 대하여 통합진보당 게시판에 "어제(13일) MBC 100분 토론에서 유시민 대표가 거짓말을 태연스럽게 하는 것을 듣고 억장이 무너졌다. 너무 분하고 억울해 도저히 참을 수 없어 글을 쓴다. 피가 거꾸로 솟아 글을 쓰고 있는 지금도 온몸이 덜덜 떨립니다. 자신의 상처를 말하는 것이 너무너무 지옥 같고 힘듭니다." 라고 "사회정의를 위해서라도 정00 전 전교조위원장이 국회의원이 되어서는 안 됩니다. 왜 이토록 고통을 참아가며 호소하는지, 제발 저의 바람을 들어주십시오." 라고 글을 올렸다.

이와 같이 전교조와 통합진보당의 정체성과 도덕성이 언론의 도마에 오르자 비례대표 4번인 정00씨가 역시 통진당 홈페이지에 '전교조여교사 성폭행범 비호사건'에 대하여 「저는 피해자를 충분히 만족시키지 못했을 수 있으나 가해자를 옹호하거나 의도적으로 피해자의 상처를 외면하고 아픔을 가중시켰다는 문제제기는 받아들이기 어렵다.」고 글을 올린 것이다.

필자는 이 보도를 보는 순간 최근 한국 사법부 판사들이 판결문 내용과 너무도 유사하여 혹시 전교조위원장 출신인 정00씨가 사법부 판사들의 자문이나 교습을 받은 것이 아닌가 하는 착각이 들었다. 이것은 말꼬리 잡자는 것이 아니다.

법을 재판하는 판결문들을 여러 건 보아왔는데 상당히 많은 판결문 조항에서 특히 결론적인 부분에서 그따위 애매모호한 표현으로 결론을 내리고 판결하는 것을 보아왔다.

『사례; ① 2008카합799 결정문 ; 시설 또는 활동이 혼동될 우려가 있다고 보기 어렵다. ② 2010카합789 판결문 ; 인권을 현저하게 침해할 우려가 있는 개인정보에 해당한다고 단정하기 어렵다. ③ 2011카합2060 가처분 판결문 ; 사법심사의 대상이 되지 않는다고 보기 어렵다. ④ 2011카합2060 가처분 판결문 ; 선거 실시를 지연시켰다고 단정하기는 어렵다. * 직무대행자로서의 지위를 가진다고 보기는 어렵다.』등 얼마든지 판례를 제시할 수 있다.

위 판결문들을 곰곰이 생각해 보기 바란다.
법이란 옳고 그름을 명확히 구분하여 가부(可否)를 분별하여 결론을 내려 판결해야 마땅한 것이다. 교통순경이 길을 묻는 사람에게 "서울역에서 시청으로 가려면 왼편으로 가는 것이 맞다고 보기 어렵다." 또는 수학선생이 "이 문제는 이렇게 푸는 것이 맞다고 보기 어렵다." 이런 식으로 답변하는 것을 보았는가. 그게 말이 되는가. 최소한 사법고시를 패스하여 국법을 집행 판결하는 한국의 최고엘리트 두뇌 판사들이 이따위 애매모호하고 헷갈리는 언어를 구사하고 재판을 한다면 이게 무슨 장난질인가하는 생각이 든다. 이리저리 말꼬리를 빙빙 돌려 호도하다가 이것도 저것도 아닌 것처럼 혼돈 시키다가 애매모호하게 꼬리를 내려버리고 결론 아닌 결론으로 언어의 유희를 하는 것은 국가 사법부의 태도가 아니다. 그러니까 우리나라에서 가장 먼저 개혁해야 할 집단이 사법부 법관들이라고 국민의 불신을 당하고 조롱받고 있는 것이다.

통합진보당 비례대표 4번 정00씨의 표현은 못된 집단의 못된 행태를 교습 받아와서 흉내 내며 정치판에서도 그따위 말장난을 써먹는 것이 아닌가하여 씁쓸한 마음을 숨길 수가 없다.

제 3 편

군국주의 환상을 청산 못한
일본

1. 일본의 인과응보

  명심보감 2편 천명편(天命篇) 첫 문단에 『순천 자는 존하고 역천자는 망하느니라.』 했고, 일곱 번째 문단에는 『악한 일을 하여 하늘에 죄를 얻으면 빌 곳이 없다. 회죄어천(獲罪於天)이면 무소도야(無所禱也)라.』고 했다. 이는 자고로 모든 인류의 필연적인 의식과 사고에는 하늘을 염두에 두고 있음을 가르치고 있다.

지난 1월 22일 작고하신 작가 박완서씨는 1988년 5월에 남편을 잃고 8월에는 스물다섯 눈동자 같은 외아들 원태를 교통사고로 잃고 난 후 부산 딸 집, 수녀원, 미국, 등지를 떠돌며 신을 원망하며 묻고 또 물었다. 도대체 내가 무엇을 그렇게 크게 잘못했기에 이런 벌을 받아야 하는가. 하나님의 부당함을 항의하고 자신의 억울함을 주장했다. "아들아 이 세상에 네가 없다니 그게 정말이냐 창창한 나이에 죽임을 당하는 건 가장 잔인한 벌이거늘 네가 무슨 죄가 있다고 그런 벌을 받는단 말인가. 이 어미에게 죽음보다 무서운 벌을 주는 데 사용하려고 그토록 준수한 아이로 점지하셨더란 말인가. 하나님이란 그럴 수도 있는 분인가. 사랑 그 자체라는 하나님이 그것밖에 안 되는 분이라니. 차라리 없는 게 낫다. 아니 없는 것과 마찬가지다" 하며 십자가를 팽개치면서 신을 원망했다.

그리고 아들이 없는데도 살기위해 꾸역꾸역 먹을 수 있다는 자기 자신에 구역감이 올라와 변기에 토하면서 자신의 죄를 깨닫는다. 십자가 밑에서 밤새도록 몸부림치며 구해도 얻어낼 수 없었던 응답이 하필 변기 앞에 무릎 꿇고 앉았을 때 들려온 건 뭐였을까」라고 쓰고 있다.

목이 마른 이유는 물이 있기 때문이며 배가 고픈 까닭은 먹을 것을 요구하기 때문이며, 죽음이 두려운 이유는 죽음 후에 심판이 기다리고 있음을 영혼은 알고 있기 때문이다. 그리고 죄를 지으면 그 대가가 형벌임을 알기에 모든 인류는 누가 가르쳐 주지 않아도 스스로 죄를 의식하고 두려움을 느끼는 것이다. 여기서 신의 존재와 죄의 보응에 대하여 시비를 거는 사람이 있다면 손바닥으로 하늘을 가리고 태양이 없다 함 같이 스스로의 몰상식함을 드러내는 것이다.

1. 일본의 대 지진과 재앙

2011년 3월 11일 오후 2시 46분, 진도 9의 대 지진으로 일본 동북부 본토가 2.4m 이동하고 지면이 80cm 가량 낮아졌다고 한다. 10m의 해일은 6km 내륙까지 밀려들어와 가옥과 생활터전 모두를 휩쓸어 가 버렸다. 그리고 28,000명의 사망 실종자, 경제적 손실이 25조 엔이라 한다. 최근 일본 국가 부채규모가 눈덩이 같이 불어나고 경제 침체로 국가 부도 위기까지 언급되는 상황에서 이번 지진은 감당키 어려운 재앙이 틀림없어 보인다.

일본인들에게는 지진이나 해일 그리고 화산폭발 등은 항상 준비하고 대비하는 일상화된 재앙으로 크게 당황하지 않는다. 그러나 예측하지 못한 공포의 재앙이 일어났으니 이는 방사능 오염 확산이다. 지진 지역 해변에 있던 6기의 원자력 발전소에 공급되던 전원이 끊기며 냉각장치가 중지되고 원자로의 폭발과 방사능 유출로 인한 공포가 일본을 넘어 세계로 확산되고 있다. 냄새도 색깔도 소리도 없이 공기를 타고 퍼져나가는 방사능 공포는 상상할 수 없는 두려움 그 자체이다. 이 방사능은 원전 반경 40km 접근 금지지역으로 육지 뿐 아니라 바다까지 이 무형의 공포가 30년 이상 지속 될 것이며 인간이 접근해서는 안 된다니 이보다 더 무서운 저주가 어디 있겠는가. 아무리 위기 극복에 익숙하고 재난에 침착한 일본인들에게도 견디기 어려운 치명적 저주의 땅이 되어 버린 것이다.

2. 일본에 대한 천벌(天罰). 저들의 죄(罪)를 추억해 보자

지진 피해가 시작된 후 3, 14일 이시하라 산타로 일본 도쿄 도지사가 기자 간담회에서 "일본에 천벌이 내린 것" 이라고 일갈했다. 그는 『일본의 정체성은 아욕(我慾)이다. 이번 쓰나미를 통해 이와 같은 일본인들의 탐욕을 쓸어버려야 한다. 미국의 정체성은 자유이고 프랑스는 자유와 박애, 그리고 평등이다. 그러나 일본은 그런 정체성이 없고 오로지 물욕과 금전욕이며 이와 같은 아욕에 속박된 일본 징치도 포퓰리즘을 이루고 있다. 이번 쓰나미로 오래 축척된 일본의 마음의 때를 씻어 버릴 필요가 있다.』고 했다.

이것이 일본인들이 모두 함께 공감해야 할 정답이라고 필자는 생각한다. 물론 피해를 입은 지역의 당사자들에게는 따뜻한 위로와 도움이 필요한 게 틀림없다. 그렇다고 솔직하게 흘러나오는 양심의 소리에 시비를 걸고 달려든다면 당신들은 그럼 아무런 생각이나 느낌이 없단 말인가. 웃기는 사람들이 참 많다.

일본인들은 이번 참사를 당하면서 인과응보를 생각해 보아야 한다. 과연 무슨 죄가 많아서 이와 같은 상상을 초월하는 재앙이 오는가. 여기서 자신들의 추악한 과거를 반성하고 휴머니즘을 회복 할 수가 있다면 이 재난이 얼마나 아름다운 승화의 기회가 될 것인가.

3. 일본인들은 지나간 역사 속의 저지른 범죄에 대한 참회도 반성도 없다. 세계를 향한 저들이 용서 받을 수 없는 악행들을 열거해 보자.

1) 조선에 대한 만행
1) 먼저 조선을 식민지화하기 위하여 민비를 시해 할 때의 사건을 고증(考證)을 조회하여 언급하겠다. 1895년 10월 8일 을미사변 당시 민비 살해범 낭인들의 일원이었던 이시즈카 에조(石塚英藏 시해 사건 후 조선 내무부 고문이 된 자)가 일본 본국의 법제국 장관인 스에마쓰 가네즈미(末松謙澄)에게 비밀리에 보낸 장문의 보고서에 의하면

『일본의 낭인들이 왕비(王妃)를 끌어내어 두세 군데 칼로 상처를 입히고(處刃傷). 왕비를 발가벗긴(裸體) 후 국부검사(局部檢査)를 하고 상해를 입은 황후를 20여명이 윤간을 하고 6번째 부터는 죽은 시신에 시간(屍姦)을 한 후 증거를 없애려고 기름(油)을 부어 소실(燒失)시키는 등 차마 이를 글(筆)로 옮기기조차 어렵도. 이를 말리는 조선 궁내 대신들의 팔과 다리를 잘랐다.』 라고 보고한 문서가 발견되었다.

일본인들이 행한 악행은 하늘이 알고 땅이 알고 바다가 아는 인간이기를 포기한 잔혹한 반인륜적 범죄들이다.

일제는 1905년부터 조선 불법 강점 41년 동안 "범죄즉결령"(1910년), "조선형사령"(1912년), "치안유지법"(1925년), "

신치안유지법" (1928년), "국가총동원법" (1938년), "국민징용령" (1939년), "개정치안유지법" (1941년), "학도병제령" (1943년) 등 수많은 살인 악법들을 연이어 조작 공포하여 수백만 명의 조선 사람들을 검거, 투옥하고 잔인하게 학살하는 등 반 인륜적 범죄를 저질렀다. "조선 사람은 우리 일본 법률에 복종하든가 그렇지 않으면 죽어야 한다."고 공언한 3대 "조선총독" 데라우찌(후에 일본 총리가 된 자)의 말은 당시 조선인에 대한 포악한 살인 "지령"으로 식민지 살인 통치의 기본 방식이었다.

2) 중국에 대한 만행

일본은 1894년 청일전쟁 승리로 전쟁 배상금으로 은 1억 3천만 냥(당시 일본 1년 예산의 4,5배) 금액의 몰수해 간 천문학적인 돈으로 군사 대국으로 발돋움 한다. 1937년 7월 일본군은 베이징 톈진 등 손쉽게 정복하면서 3개월 안에 중국 대륙 전체를 점령하겠다고 큰 소리 쳤으나 상하이 상륙작전에서 장개석 군대에 3개월 이상 고전을 면하지 못하고 막대한 피해를 입었다. 11월 겨우 상하이를 점령하고 난징을 향해 진격했으나 12월 13일 정복 할 때 까지 입은 상당한 피해에 대한 분노와 적개심으로 무차별 중국인들을 학살했다. 난징에 남아있던 시민들과 병사들 닥치는 대로 끌고가 성 외곽 밖이나 양쯔강 하구에서 기관총으로 무차별 학살했다. 적게는 수십 명에서 많게는 만여 명이나 되는 단위로, 중국군 포로와 민간인 남자들은 일본군의 총검술 훈련용으로 되거나 목 베기 시합 희생물이 되기도 했다. 여기에 적지 않은 중국인들은 총알을 아끼려는 일본군에 의해 산 채로 파묻혀서 생매장 당하거나 칼로 난도질당했다. 제2차 세계대전이후 난징대학살에 참가한 어느 일본군의 일기가 발견되었는데, 일기내용에서는 "심심하던 중 중국인을 죽이는 것으로 무료함을 달랜다."면서 "산 채로 묻어버리거나 장작불로 태워 죽이고 몽둥이로 때려죽이기도 했다."고 적혀 있었다. 즉, 일본군들은 군인포로들이나 민간인들 가릴 것 없이 무차별적으로 잔인하게 학살을 하였다.

이러한 잔인한 '인간 사냥'이 극에 달하면서 여성을 성노리개로 삼는 것에 그치지 않고 강간 후 참혹하게 살해했다. 그 대상은 10살도 채 안 되는 어린이부터 60, 70대 노파까지 그 대상을 가리지 않았다. 또한 일본군은 수녀와 비구니를 포함하여 난징에 보이는 여성들을 보이는 대로 능욕하고 죽였다.

난징 대학살 시기인 1937년 11월 30일자 '오사카 마이니치 신문'(大阪每日新聞)과 12월 13일자 '도쿄 니치니치 신문'(東京日日新聞)에 일본군 무카이 도시아키(向井敏明) 소위와 노다 쓰요시(野田毅) 소위가 일본도(日本刀)로 누가 먼저 100인을 참살(斬殺)시키는지를 겨뤘다는 사실이 보도된 기사가 있었다.

종전 후 무카이, 노다 두 소위는 함께 난징에서 군사재판을 받았는데 최후까지 100인 민간인 학살을 한 적이 없다고 외국인 특파원이 멋대로 상상해 기사를 만들어 냈다고 주장했고, 다른

한 사람은 일본에 돌아갔을 때 아내를 놀라게 해주려고 거짓말을 한 것이라고 주장하는 등 끝까지 거짓말로 일관했다. 이 한 사건이 일본의 수많은 악행을 대변한다고 볼 수 있다. 그 외의 마루타 생체실험 등 언급을 그만두겠다.

3) 진주만 공습과 인류 최초의 원자탄 세례

1941년 12월 7일 새벽 태평양 하와이 진주만에 접근한 일본 항공모함에서 7시 55분 183대의 폭격기가 진주만에 미 해군기지와 공군기지를 기습 공격했다. 이 공격으로 12척의 미 해군 함선이 침몰했고, 188대의 비행기, 2,403명의 군인, 68명의 민간인 사망자가 나왔다.

진주만 폭격 2년 6개월 후 1944년 6월 16일 미군 B29기의 일본 본토폭격이 시작되었다. 45년 3월 10일에는 B29기 47대가 334회 출격하며 동경 시내에 소이탄을 퍼 붙는 대 폭격이 시작되었다. 목조건물이 대부분인 동경시내는 불바다가 되었고 사망 83,000명, 가옥 26만호 소실, 이재민 100만의 피해를 입고도 항복하지 않자 45년 8월 2일 히로시마 상공에 모든 시민들은 20키로 밖으로 대피하라는 경고 삐라를 뿌렸고 8월 6일 아침 구름이 낀 하늘에 B29기에서 '리틀 보이' 란 이름의 원자폭탄 하나가 투하되었다. 그 결과 히로시마 34만 인구 중, 피폭지역 1,2km 내의 시민 50% 사망, 12월 말까지 나머지 14만 사망, 부상자 37,000명, 그 밖에 방사능에 의한 피해는 말로 다 할 수 없었다. 그리고 3일 후 나가사키에 또 한발 투하되면서 무조건 항복한 것이 일본이었다. 여기서 원자폭탄 투하로 멸망한 일본은 반인륜적 범죄에 대한 천벌적 성격을 지니고 있다고 평가해도 지나친 표현은 아니다.

4. 이와 같이 항복한 일본은 독일 같은 철저한 전범에 대한 단절이 없었다.

아니 변명하고 부인하고 오히려 미화하고 지속하려는 의도가 보이는 게 문제이다. 2차 대전의 전범으로 처형된 수괴들의 유패를 자신들의 성역이라 여기는 신사에 모셔 놓고 매년 국가 수상과 각료, 국민들이 거기 가서 분향하고 추모하고 기리고 있다는 것을 보면 알 수 있다.
일본인들은 반인륜적 범죄에 대한 시인도 반성도 역사의식도 없어 보인다. 오히려 자신들이 피해자인 척하며 변명하면서 탐욕적인 본성을 드러내고 있다.

최근 지진피해를 입은 일본을 돕자는 한국인들의 따뜻한 온정을 무시하듯 적반하장으로 독도가 자기들 영토이며 한국이 불법적으로 강점하고 있다는 주장을 하고 이와 같은 거짓말들을 어린 세대들에게 교과서에 합법화하고 가르치겠다고 하고 있다.

역시 일본인들은 어쩔 수 없는 야만적 탐심의 근성이 있는 게 아닌가 하는 생각이 든다. 이시하라 산타로 일본 도교 도지사의 말처럼 일본인들의 내면에 가득찬 더러운 아욕(我慾)의 속물근성은 이번 쓰나미보다 더한 재앙으로도 씻어 낼 수 없는 것 같다. 일본은 아직도 인과응보를 깨닫지 못하고 있다. 어쩌면 일본 열도가 침몰해도 그때가 되어야 변할는지 알 수가 없다. 이 와중에도 독도가 자기들 영토라 괴변을 지껄이는 뻔뻔스런 행위를 보면서 저들과는 공존이나 평화란 단어가 전혀 어울리지 않는 듯하여 씁쓸한 마음을 숨길 수 없다.

2. 친일청산 갈등과 국론분열

[이 글을 쓰게 된 경위가 친일청산을 주장하면서 진정한 친일청산이 아닌 국론의 분열과 증오심만 증폭시키는 친북 좌파의 숨은 음모에 대한 반론으로 쓰게 되었습니다.]

1. 공산주의자들의 특색

저들은 모든 사람들의 흠이나 약점을 들춰내어 공격하고 매도하고 결과적으로 숙청해 버리는 것이 특기입니다. 사람은 누구라도 그 모든 부분을 살펴보면 실수가 있고 흠이 있는 것이 일반적인 것입니다. 왜냐하면 인간은 누구나 완전한 사람은 없기 때문이다. 누구든지 장점이 있고 반면에 약점도 있는 것입니다. 그러므로 누구든지 좋은 점을 칭찬하고 격려하여 그의 가능성을 이끌어 내어 잘 활용하여야 당사자에게나 타인들에게 유익을 주고 인류와 사회에 유익을 주게 되는 것입니다. 그런데 공산주의 사회에서는 누구든지 조금이라도 돋보이기만 하면 그 사람의 과거 약점이나 비리를 들춰내어 매도하고 비판하여 결국에는 그를 숙청하고 맙니다.

그러므로 공산주의 국가에서는 노벨상 수상자가 몇 명도 없는 것입니다. 과연 역사상 공산주의 국가에서 노벨상 수상자가 몇 명이라도 있었는가. 사례를 제시해 보시기 바랍니다.

1901년 이후 총 수상자 816명중에 미국 영국이 423명이고 러시아(소련)와 동구권에서 18명입니다. 참으로 불행한 일입니다. 공산주의 국가에서는 누구라도 특색을 발휘하거나 잘되는 꼴을 보지 못합니다. 저들이 정적을 제거하기에 가장 합리적이고 좋은 방법이 과거를 들춰내어 비판하고 매도하여 결국에는 죽여 버리는 것입니다.

2. 킬링필드의 주역 크메르 루즈의 행태

폴 포트란 자는 새로운 세상, 좋은 세상을 만들겠다는 이념으로 모든 기성세대를 오염된 무리로 더럽혀진 청소해 버려야 할 대상으로 분류하고 저들을 모조리 싹쓸이 방법으로 제거하는 일이 숙청이었습니다.

과거 교사, 지주, 관리 지식인 유학생 구정권 관계자 등등 이들의 이미 가지고 있는 모든 것은 다 새로운 시대에 거침이 되는 오염된 것들이라고 제거하기 위하여 때 묻지 않은 세대인 어린 아이들을 통하여 청소 작업으로 집단 살인을 자행하였습니다. 총으로 쏴 죽이다가 총알이 아깝다고 죽창으로 죽이고 비닐을 씌워 질식시켜 죽이고 산채로 매장해 버리기도 하고 손발을 묶어 물에 밀어 넣어 죽이고 오염된 세대에 대한 인종 청소를 행하여 새로운 세상, 오염되지 않은 살기 좋은 이상향을 건설하겠다고 수백만 명을 학살했습니다. 과연 크메르 루즈 국가가 어떻게 되었습니까? 그 나라 역사상 가장 참혹한 비극의 주역이 되었고 저주와 빈곤과 거지나라가 되었습니다. 이것이 공산주의자들의 장점이고 특색입니다.

3. 모택동의 문화혁명은 어떠했습니까.

그도 역시 깨끗한 시대를 열기 위하여 오염된 세대를 향한 청소를 단행한 것이 어린세대들을 충동 동원하여 기성세대 5,000만 명이나 학살했습니다. 자식이 부모를 제자가 스승을 비판하고 숙청 했습니다. 지식인 사상가 문학가 시인 종교인 등 수많은 기성세대를 새로운 시대에 방해가 되는 더럽혀진 제거해야 할 대상으로 새로운 세상을 열기 위하여 모조리 투옥하고 학살하고 청소했습니다.
그리고 이전의 모든 문화재들도 파괴하는 중에 세계문화 유산인 자금성은 차마 파괴하지 못하였다고 하지 않습니까. 그 결과 중국이 새로운 시대가 열리고 살기 좋은 세상이 되었나요? 오로지 모택동 일파들만이 군림하는 시대였습니다.

세상의 어느 누구라도 과거를 들춰내고 비판하고 제거해 보세요. 살아남을 자가 한 명이라도 있습니까?

등소평의 개혁 개방으로 시장 경제를 도입하기 전에는 중국 역사상 가장 참혹하고 지옥 같은 시대가 시작 되었습니다.

4. 스탈린의 숙청으로 인한 과거 청산

레닌이후 집권한 스탈린은 그의 정권의 기반을 든든히 하기 위하여 책 383권의 숙청자 명단 4,500만 명을 모조리 죽였습니다. 그의 숙청 이유가 무엇이었을까요? 그도 과거 청산과 오염된 기성세대를 철저히 제거해야 깨끗하고 새로운 시대가 온다고 새로운 세상을 만들겠다는 미명으로 저지른 학살 범죄였습니다.

친일 청산? 독일처럼 반드시 반성하고 척결해야 합니다. 그런데 종북주의자들이 지금 미사여구로 내세우는 것이 민주주의와 인권, 자유, 그리고 친일 청산이란 표어입니다. 과거 김일성이 『위대한 민주주의 인민공화국』을 내세우면서 자기 시대가 오면 모든 인민이 『흰쌀밥과 고깃국과 기와집』에서 살게 되는 지상 낙원이 온다고 했습니다. 그 거짓말에 속아서 지리산 등 빨치산 활동을 하고 또는 월북하여 김일성에게 목숨 바쳐 충성한 사람들은 스스로를 속이고 민족을 속이는 결과가 되고 말 것입니다.

공산주의가 발전하지 못하고 못 사는 이유가 있습니다. 누구라도 조금 잘 나가는 사람을 보면 그냥 두고 보지 못합니다.

그저 과거를 들춰내어 홈이나 잡아내고 공격 매도하여 결국에는 숙청하여 죽여 버리는 특색입니다. 숙청이란 단어가 공산주의에서 유래 된 것이 아닙니까?

소련(지금은 무너져서 러시아가 되었지만), 큐바, 북한은 저주받은 가장 빈곤국가 입니다. 북한은 국가가 아닙니다. 김일성 김정일 주체사상으로 무장된 왕권국가보다 더 극악한 괴뢰 범죄 집단일 뿐입니다.

북한은 김정일 일당에 의한 인류역사상 가장 지옥과 같은 세상을 만들었습니다. 왜 북한이 국민의 숫자가 2천 3백만입니까? 얼마나 많이 숙청하고 학살하고 청소하고 제거 했습니까. 그리고 굶어 죽였습니까. 지금 이명박 정부에서 식량과 비료들을 지원하지 않으니까 최근에는 못 견딜 것 같으니까 공개적으로 인도적 지원을 요구하지 않습니까.

저들에게는 당분간 아무것도 지원하면 안됩니다. 두 손 두 발 다 들고 항복할 날이 올 것입니다. 그때까지 조금 인내하면서 대응해야 합니다. 그러면 북한의 비극이 앞당겨 질 것입니다.

아마 북한의 김정일이가 남한을 접수 한다면 친일청산이라든지 새로운 세상을 만든다는 미명으로 국민의 절반은 숙청하고 학살할 것이라는 생각이 듭니다.

일본은 패망한 후에 아주 일부분의 전범만이 처형하고 남아있는 모든 기성세대들을 새로운 일본건설에 모두 다 동참 시켰습니다. 군국주의 시절의 기술과 인재들을 아주 효과적으로 활용하여 오늘날의 일본을 만들었습니다. 물론 독일처럼 과거 전쟁범죄에 대한 철저한 반성과 회개가 없고 오히려 피해자인 척하며 전범들을 국가영웅으로 신사에 모셔 놓고 참배하는 야비한 근성을 버리지 못하므로 스스로의 격을 낮추고 비판받고 있습니다.

지금 국내의 전교조 민노총 등 저들이 추구하는 세상이 어떤 것이라고 생각합니까. 저들의 숨겨져 있는 음모와 실상을 들춰낸다면 얼마나 추악하고 끔찍할까 상상이 안갑니다.

김대중 전 대통령이 퇴임하면서 5억 불을 북한에 준 것에 대하여 눈물을 찔끔거리면서 사과하더니 언젠가는 북한에 단 돈 한 푼도 준 적이 없다고 거짓말을 합니다.
금강산 관광이란 미명에 의하여 북한 입국세로 한 사람당 100불씩 지불하는 웃기는 일을 시작하지 않았습니까. 김대중의 과거에 대하여는 알 만한 사람은 다 알고 있습니다.

노무현 전 대통령, 그 부친 노판석은 일제시대에 일본군의 앞잡이로 주민을 괴롭히다가 해방 후 그 행적에 대한 비판과 눈총을 받다가 6.25로 공산 치하가 되니까 다시 자기를 괴롭힌 사람들에게 보복을 자행하고 인민군 앞잡이 노릇을 하다가 다시 북한군이 물러가고 난 후 은밀히 배를 타고 경상도로 도망쳐서 김해지방으로 숨어 들어가 새로운 호적을 만들고 경상도 사람 행세를 했다는 자료들을 알 만한 사람은 다 알고 있습니다. 노무현의 장인 권오석은 워키 백과사전에 : (권오석(權五石 또는 權五哲, 1921년 ~ 1971년, 경상남도 마산시 출생)은 일제 강점기와 대한민국 초기의 관료이자 대한민국 초기의 빨치산 활동가이다. 일제 강점기에는 면서기를 지냈고 남조선노동당 선전부장, 노동당 부위원장 등을 역임했으며 1950년 6.25 전쟁 중 인민재판을 주관하기도 했다. 권양숙의 친정아버지이며 전 대통령 노무현의 장인이다. 경상남도 창원군 진전면: 현 마산시 진전면 출신이다.) 이상과 같이 기재 되어 있습니다.

그러면 이와 같은 행위들을 들춰내어 비판하고 청산해야 하지 않을까요? 그런데 우리나라는 이와 같은 사람들도 그 과거를 묻지 않고 대통령으로 인정해 주었습니다. 민주주의와 인권, 그리고 자유, 친일청산을 앞세우고 기성세대를 매도하고 증오심을 불어넣고 세대 간 갈등을 증폭시키려는 무리들은 진정으로 나라와 민족을 생각하는 무리들이 아니라 생각합니다. 저들의 숨은 의도와 목적을 똑똑히 파악하고 오판하는 일이 없어야한다고 생각합니다.

그러나 가능하면 모든 사람들의 잘못을 용서하고 서로 관용하면서 화합하고 좋은 장점은 찾아내어 칭찬하고 격려하여 더 좋은 세상을 만드는 일에 활용해야 할 것이라 생각합니다.
공산주의와 같이 극악한 사상과 음모는 분명히 분별하여 경계해야 하고 우리 민족이 함께 멸망하는 비극의 주인공들이 되지 않아야 할 것입니다.

필자의 글 중에 비록 잘 모르고 올린 내용이 있다면 너그러이
보아 주시기 바랍니다.
* 필자는 친일파들의 비행을 두둔하거나 비호하는 것은 결코
아닙니다. 카멜레온처럼 기회주의적 사고로 자신의 안일만 추
구하는 친일 무리는 후대를 위하여도 극명하게 분별하여 정체
를 드러내어 청산해야 할 것입니다.

3. 독도에 대한 일본의 집착

　1910년 무력으로 조선을 강점하여 일방적으로 한일합방을 공포하고 36년간 우리나라를 식민지로 지배하던 일본이 100여년 전의 기록인 「한일합방 문서」를 근거로 '한국을 일본 영토'라고 미친 척 행패를 부리면 대한민국이 일본 영토가 되는가.

지금 일본정부는 AD 512년 신라시대부터 정식으로 편입된 우리나라 영토인 독도에 대하여 (삼국사기 기록) 자기나라 땅이라고 주장하는 행태가 꼭 그렇게 보인다.

토지사기꾼들은 땅 주인이 오랫동안 관리가 소홀한 토지의 인감도장 인감증명 주민등록증 등을 위조하여 매매를 하거나 대출을 받아 거액을 챙기는 간교한 자들이다. 지금 일본인들은 독도에 대하여 이와 같이 자기 땅이니 내어놓으라고 억지를 부리고 목소리를 높이는 것이 토지사기꾼과 유사하게 보인다는 것이 필자의 견해이다.

한국인들 중에 독도가 역사적, 문헌적으로 일본의 영토라고 대답하는 사람은 한명도 없다. 그러나 일본인들 중에 특히 나이 드신 역사를 아는 지식층들 중에는 독도는 원래 조선의 영토라고 알고 있는 사람들이 많다. 일본의 어느 방송국의 여론조사에 의하면 조사대상 3%가 독도는 한국영토라고 대답했다고 한다. 다케시마(독도)가 어디에 있는 섬인지도 잘 모르는 일본인들 중에 그 3%는 역사를 아는 지식인들일 것이다.

그러나 역사적인 문헌이나 증거를 외면한 골수 제국주의 환상에 젖은 정신이상증세의 인간들이 사실적 증거도 외면한 채 억지 주장으로 국제문재화하고 있는 것이다.

1945년 핵폭탄 두발에 처참하게 멸망했다가 6.25특수로 살만해 지니까 당시 이승만대통령이 독도를 포함한 '평화선' 이라는 『이승만 라인』 선언하자 당황한 일본은 이에 반박할 역사와 문헌적 근거를 찾아내기 위하여 카와카미 겐조라는 연구관에게 자료를 근거한 논문을 의뢰하여 그 논문을 근거로 다케시마가 일본영토라는 주장을 시작한 것이다. 그러나 1987년 교토대학 호리 가츠오 교수는 『카와카미 겐조 연구관의 논문을 검토하고 학자적 양심으로 그 논문이 역사적, 문헌적 근거도 없는 주장』 이라고, 이를 반박하는 『1905년 일본의 다케시마 편입』 이라는 논문을 '조선사 연구회 논문집' 에 '독도는 한국영토' 라고 집필하게 되었다고 했다. 논문의 요지는 "독도가 문서상 등장하는 시기가 조선이 일본보다 200년 빠르고 15세기부터 독도영유권을 의식했다." 라고 했다. 뿐만 아니라 1877년 메이지 내각에서도 '다케시마는 일본판도 밖' 으로 인정했다는 것이다. '그 후 러일전쟁 때 군사야욕으로 다케시마 일본편입을 시작했다.' 라고 했다.

역사 기록에 보면 1905년 1월 28일 일본 내각에서 '다케시마' 라는 명칭으로 시마네현의 관할로 지정하여 2월 22일에는 독도를 일본 영토로 편입하는 내용의 시마네현 고시 제40호를 발표하였다. 이것을 근거로 2005년 3월 16일 시마네 현 의회에서 『다케시마의 날』을 제정하면서 적극적으로 영토분쟁을 주장하기 시작한 것이다.

2005년 3월 아사히신문 와카야마 요시부미 논설주간도 『다케시마와 독도』 라는 칼럼에서 "일본은 독도를 한국에 양도(인정)하고 다른 분쟁지역의 지지를 약속받는 것이 어떻겠는가." 라고 제안했고, 나이토 세이츠 시네마대학 명예교수도 『독도가 일본영토라는 주장은 허구』 라는 글을 월간 세카이(月刊 世界)에 기고했다. 그러나 이와 같은 양심적 주장은 제국주의 망령에 사로잡힌 우익단체로 부터 매국노라고 공격받을 뿐만 아니라 생명의 위협까지 느낀다고 한다.

2011년 3월 한국을 방문한 일본 민주당 도이 류이치(72) 중의원 의원이 『일본이 독도 영유권을 주장해서는 안 된다.』 는 문서에 서명한 후 귀국하여 정치권과 언론의 뭇매를 맞고 민주당을 탈당해야 했고 국회 윤리심사회 회장직과 당 상임간사회 의장직을 사임해야만 했다.

이와 같은 골수 제국주의 환상을 지닌 자들은 군국주의 만행을 부인하거나 미화하고 있다. 종군위안부도 일본정부가 주도한 것이 아니고 돈을 벌기위하여 자원한 것이라고 주장하는 것처럼 손바닥으로 하늘을 가리는 것과 같은 행위이다.

뿐만 아니라 2차 대전 전범들의 유패를 국가적 영웅으로 신사에 모셔놓고 참배하는 행위는 다시 그와 같은 악행을 반복하고 싶은 환상에 빠진 자들이 독도를 일본 땅이라고 우기고 있는 것이다.

일본인들은 지난날의 야만적 행위에 대한 반성과 회개가 없으면 필경 인과응보에 의하여 몰락하고 말 것이다. 지진으로 일본 열도는 바다 속으로 침몰할 지도 모르고 화산이 폭발하여 멸망할지도 모른다. 그 잔인성과 포악성 그리고 악랄하고 간교한 죄악의 죄값으로 지구상에서 영원히 사라질 지도 모른다는 것을 인지해야 할 것이다.

4. 일본의 독도 영유권 주장의 허상

 일본이 독도를 자기나라 영토라고 생떼를 쓰면서 국제 사법재판소에 제소하겠다고 하는 이따위 어불성설에 대하여 우리정부에서는 무조건 우리 땅이기에 대응할 가치가 없다는 식으로 무대응만 하고 있어서는 안 된다. 언제부터 일본이 독도의 영유권을 주장하기 시작했는지 과연 타당성이 있는 주장인지 역사적인 사실과 문헌 등을 조사하여 부인할 수 없는 진실을 밝혀 허무맹랑한 일본주장을 잠잠하게 하고 국제사회에서 인정받아야 할 것이다. 이에 한일 두 나라의 독도 영유권의 실상을 분석해 보려 한다.

1905년 5월 27일-28일 대한해협에서 벌어진 '쓰시마(대마도) 해전'이라 지칭하는 '러일전쟁 해전'에서 당시 세계 최강이라는 러시아 발틱함대 38척 중 주력선을 포함한 19척이 격침되고 도주하던 나머지 함대도 울릉도 앞바다 2차 해전에서 역시 참패하여 항복하므로 러일전쟁은 일본의 승리로 끝나게 되었다. 당시 조선은 23년간 실권을 행사한 고종왕비(민비)가 청나라와 일본군대를 불러 들여 자기 백성을 살육하게 하는 무당정치로 몰락을 자초하다가 『포츠머스조약』에 의하여 국제사회에서 버림받고 일본의 식민지가 되고 말았다.

러일전쟁을 앞두고 독도의 군사적 정략적인 가치를 절실히 인식한 일본정부는 독도를 무주지(無主地)라고 주장하며 일본이 선점했으므로 자기나라 영토에 편입했다고 칙령을 발표하고, 동년 2월 22일 '시마네 현 고시 40호'로 공시하여 이를 근거로 국제법상의 일본의 영토가 되었다고 주장하고 있는 것이다. 그 다음해 1906년 3월 28일 일본이 울릉군에 독도의 일본영토 편입을 알릴 때 울릉군수는 이 어불성설에 대하여 중앙정부에 항의 서한을 전달했다. 그러나 이미 1905년 포츠머스조약으로 주권을 잃고 1910년 한일합방으로 나라전체가 속국이 되면서 흐지부지 되어버렸다.

일제는 1937년 7월 중일전쟁을 시작으로 중국대륙과 아시아전체와 뉴질랜드와 오세아니아 까지 영역을 넓혀나가기 시작하다가 1941년 12월 7일 마침내 미국 하와이 진주만 미 해군기지를 기습 공격하면서 2차 대전이 시작되었다. 그로부터 정확히 2년 6개월 후, 1944년 6월 16일 미 공군의 일본본토 공습이 시작되었다. 45년 3월 10일에는 B29기 47대가 334회 출격하여 수도 동경시내에 소이탄을 퍼붓는 대 공습으로 목조건물이 밀집되어 있는 시내는 불바다가 되어 하루 동안 사망

83,000명, 26만호 가옥 소실, 이재민 100만이 되는 피해를 입었다. 동경뿐만 아니라 고베, 오사카, 나고야 같은 대 도시를 비롯하여 중소 도시까지 미군의 폭격으로 대부분 잿더미가 되어 그야말로 초토화되기 시작했다.

패색이 짙어진 일제(日帝)는 250킬로 폭탄을 탑재한 비행기와 함께 배에 충돌하여 죽는 '가미카제' 특공대를 만들어 무려 3백여 회 출격, 3,845명의 20대 어린 병사들이 스스로 목숨을 던지는 자살공격으로 미군 함정 30척이 침몰, 350척이 피해를 입혔다. 이때 일본 군부는 결코 패배나 항복이란 없으며 마지막 『1억 국민 전원 옥쇄』 하기까지 저항할 것을 국민에게 독려하기 시작했다. 이와 같은 단발마적인 섬뜩한 저항과 『1억 국민 전원 옥쇄』로 언제 끝날지 모르는 전쟁에 피해가 급증하고 지친 미국정부는 핵무기를 사용하기로 결정, 45년 8월 6일 히로시마에 '리틀 보이'라는 핵폭탄을 투하하고 3일 후 나가사키에 또 한발을 투하하면서 무조건 항복하여 일본은 미군에 의한 군정이 시작되었다.
1945년부터 1950년 6월까지 5년간 극심한 기아와 굶주림, 절망에 허덕이며 미래를 예측할 수 없었던 일본이 1950년 6월 25일 일어난 한국전쟁으로 『일본부흥의 신풍(神風)』이라는 전쟁특수가 시작되었다. 5년 동안 GNP는 두 자리로 고도성장했고 순식간에 전쟁의 참혹한 잿더미를 말끔히 걷어내고 급속도로 발전하여 패전 후 5년간의 극심했던 기근과 굶주림과 절망을 잊어버리고 말았다. 처참했던 일본의 불과 5년 만의 신풍

(神風)같은 발전은 한국전쟁 때문이었다. 그 결과 과거의 전쟁범죄를 회개하고 반성할 시간도 없이 군국주의 망령이 되살아나기 시작했고 지금 그 악행을 지속하고 있는 것이다.

국력이 강화된 일본은 1952년 연합군과 맺은 샌프란시스코 강화조약 영토배상문제에서 일본이 포기하는 영토 중에 독도를 명시하지 않았기 때문에 국제법상 자국 영토라고 확정되었다고 주장하고 있는 것이다. 이것이 일본의 독도 영유권주장의 핵심이다.

반면 역사를 되돌아보면 ①삼국사기에(AD 512년) 신라의 이사부장군이 우산국(울릉도와 부속도서 독도)을 정벌하여 신라의 영토로 편입하였고, ②1454년 세종실록 지리지에 기록, ③ 1696년 안홍복 사건으로 일본 막부에서 울릉도와 독도의 항해금지, ④1808년 독도가 울릉도와 함께 우산국 영토라고 기록, ⑤1877년 일본총리훈령으로 독도는 조선 땅이라 공식적인 인정, ⑥1899년 일본의 조선수로지에 울릉도와 함께 리앙크르토열암(독도의 프랑스명명)을 상세히 설명하며 조선의 영토임을 인정, ⑦1906년 울릉군수 심홍택이 '독도' 이름 명명하고 1914년 경상북도 행정구역에 편입, ⑧1946년 연합군 총사령부 훈령 677호에 동해의 독도는 한국영토라고 공식인정하여 일본의 통치범위에서 제외, ⑨1952년 1월 18일 이승만대통령이 독도를 포함한 평화선을 선언, 역사적으로나 문헌적으로 한국의 영토임이 분명한 것이다.

독도는 울릉도에서 동남쪽으로 87.4Km, 한국 본토에서 216.

8Km 거리의 187,000평방미터(56,600평) 면적의 두 개의 돌 섬이다. 일본 시마네 현 오키제도에서는 157.5Km, 일본 본토 혼슈에서 250Km 로 우리나라보다 훨씬 더 멀리 떨어져 있다. 위에서 살펴본 내용처럼 역사적인 기록이나 일본 자국의 기록과 지도 등을 모두 부인하고 1905년 처음으로 무주지를 선점하여 자기들 영토가 되었다고 발표한 것만 강조하고 불리한 역사나 문헌이나 증거를 모두 거부하면서 자기들 주장만 강변하고 있는 것이다.

(일본이 국제사법재판소에 제소하려는 이유와 의도에 대하여는 추후 기고하겠습니다. 이에 대하여 우리는 철저하게 대처해야 할 것입니다.)

남의 아들을 유괴하여 자기호적에 올려놓고 친부모가 찾아가 잘 기르고 있는데 유전자 확인도 부인하고 가짜 호적 하나만 흔들면서 "내 아들 내놓으라!"고 미친 척 생떼를 쓰면 자기 아들이 되겠는가. 차라리 손바닥으로 하늘을 가리고 태양이 어디 있느냐고 우기는 게 더 나을 것이다.

5. 일본이 변화하려면

 만일 2차 대전 중 미국이 무조건 항복하여 일본이 승전국이 되었다면, 만일 미국과 일본이 반대상황이 되었다면 과연 어떤 일이 일어났을까를 상상해 보면서 일본에게 충고하려 한다.

일본은 청일전쟁과 러일전쟁에서 승리하여 세계가 두려워하는 강력한 군사력이 입증되기 전까지는 노골적인 악행을 자행하지는 않았다. 그러나 청일전쟁의 승리와 세계 최강이라는 러시아의 발틱함대를 격침시켜 승전국이 되면서부터 그리고 청나라에서 받아낸 전쟁배상금 은(銀) 2억 3천만 냥(1년 일본 예산의 4.5배, 중국 예산의 3배)의 천문학적인 돈으로 30년간 신무기를 생산하고 더 강력해진 군사력으로 중국대륙을 식민지화하기 시작했다.
실각한 마지막 황제 푸이(溥儀)를 데려다 1931년 꼭두각시 황제로 세우고 온갖 만행을 저지르기 시작했다. 1932년부터는

731 부대를 만들어 중국인, 소련인, 한국인, 미군과 영국군 포로들까지 '특별이송' 하여 산 채로 세균실험, 생체해부, 장기적출 등 인간 마루타 실험용으로 사용했다. 심지어 자신들의 괴뢰정부 푸이황제의 황후(본명 완용;婉容)를 일본병사들이 강간하여 사생아를 낳게까지 했다. 1895년 조선의 민비(명성황후)를 살해할 때도 일본 낭인들(양아치 칼잡이들)이 황후를 윤간(輪姦)하고 죽여 불태웠던 것과 유사한 행위였다.

1937년 중국 전체를 2-3개월 내에 점령하여 전쟁을 끝낼 것이라고 호언장담하며 인간으로서는 상상할 수도 없는 악마와 같은 범죄를 저지르기 시작했다. 상하이 상륙작전에서 장개석 군대의 완강한 저항으로 3개월간 고전하여 악에 바친 분풀이로 난징 대학살을 자행했다. 1937년 12월부터 1938년 봄까지 50명 100명 1,000명 단위로 모아놓고 기관총으로 사살했고 총알을 아낀다고 산채로 묻기도 하고 불에 태워 죽이고 심심풀이로 죽이고 목 베기 시합용으로 죽이기도 했다. 여자들은 어린아이부터 노인 승려 수녀까지 눈에 보이는 대로 무차별 강간한 후 살해했다. 당시 기록에 의하면 30만 명 이상이 희생되었다고 한다. 이와 같은 대 학살은 일제가 지배하던 나라들에서 행했던 범죄의 한 단면이라 보아야 할 것이다.

만일 일제가 미국의 진주만을 몰래 기습 공격한 일이라든지, 731부대의 마루타 생체실험이라든지, 폭탄을 적재한 비행기로 배에 부딪쳐 죽는 가미가제 자살공격 같은 전쟁범죄를 일본과 미국이 뒤바뀌어 미국이 일본에 저지르다가 무조건 항복했다면, 만일 일본이 미국의 승전국이 되었다면 과연 어떤 일이 일어났다고 상상되는가.

한일합방 후 조선에서 저지른 만행이나 난징 대학살과 같은 살인, 약탈, 방화, 강간 생체실험 등으로 죽임을 당하고 미국국민들은 공포에 떨었을 것이며 13세기 몽골군이 금나라와 남송을 정복한 후 숫자가 적은 몽골군이 거대한 중국을 지배하면서 한족 처녀들의 결혼을 허락하면서 3일간 초야권을 행사했던 것 같은 악행을 저질렀을지도 모르고 수많은 일본인 사생아가 태어나 미국은 일본인 혼혈국가가 되었을 것이라 상상된다.

1945년 8월 핵폭탄 세례를 받고 무장해제 된 일본본토에 미군이 점령군으로 상륙하면 일본인들은 '노예'로 살게 되리라 생각했었다. 천황의 항복선언 다음날부터 "미군병사들에게 일본 양가집 여자들이 첩이 되는 것을 방지하기 위하여 미군을 위한 특수 위안시설을 설치"하겠다고 위안부 모집광고를 냈다. 내무성 이름으로 각 현과 경찰서를 통하여 "국가를 위하여 매춘을 알선하라."는 모집공고를 내고 기생, 창녀, 과부 밀매음자 등 1,360명을 모집하여 미군이 상륙하기 전에 특수위안소를 준비했다. 이것이 일본의 실체였다.

일본 군부와 지도자들은 미군이 점령군으로 들어와 식민통치가 시작되면 자기들이 식민지에서 자행하던 난징 대학살과 같은 강간과 살육만행을 당할 것이라 상상하고 있었음이 틀림없다. 만일 미국이 일제에 무조건 항복하여 일본이 점령군이 되었다면 당연히 자행되었을 결과라 생각된다.

그러나 지금도 일본인들은 점령군 사령관이었던 맥아더를 국가적 은인으로 고마워하고 있다. 왜냐하면 자기들처럼 죽이고 강간하고 약탈하고 압제할 줄 알았는데 오히려 일본의 인권과 재건을 위하여 노력하고 도와주었기 때문이다.

1945년 9월 2일 항복문서 조인식 후 식민지의 집정관으로 맥아더장군이 한 첫 연설내용은 '자유와 관용과 정의'였다. 일본인들은 귀를 의심하며 깜짝 놀랐다. 하나님께 기도하기 전에는 잠옷을 입은 적이 없다는 맥아더장군과 기독교국가인 미국과 악랄한 일제와의 차이가 확연히 구별되는 순간이었다.

일본이 잿더미 속에서 순식간에 재기할 수 있었던 것은 6,25전쟁 특수 때문이라고 하지만 미국과 집정관 맥아더 원수의 선정(善政)이 있었기에 가능했던 것이다.
그러나 이와같이 너무 빠른 회복은 행운이 아니라 일본의 재앙으로 보아야 한다. 왜냐하면 군국주의 전쟁범죄를 반성하고 청산할 기회를 잊어버리고 말았기 때문이다.

일본인들을 모방의 천재라 하는데 경제발전, 과학기술, 정치제도 등만 모방하지 말고 이와 같은 미국의 정신문화가 기독교

복음과 그리스도의 사랑과 성경에서 나온다는 것을 인지하고 모방하고 배웠어야 했다.

이제라도 독도를 자기나라 땅이라 주장하는 거짓 괴변을 회개하여 용서를 구하고 독일처럼 과거의 악행을 철저히 청산하여 평화와 인류공존에 동참하게 되길 바란다.

제 4 편

한국사회의 양극화 문제

1. 위기를 기회로 만들라.

요즘 한나라당의 꼴이 점입가경(漸入佳境), 개그 코미디가 저리가라 할 지경으로 두고 보기가 아깝다. 도대체 이게 무슨 꼴인지 도대체 알 수가 없다.

최고의원들이 집단으로 사퇴를 하고 당 대표가 만족할만한 쇄신안을 내 놓지 못할 경우 집단 탈당까지 하겠다는 둥 당 간판을 내리고 당명을 바꾸고 다시 창당을 한다는 둥 헤쳐 모여를 한다는 둥 며칠 전에는 대통령에게 국민에게 공개사과를 하라고 요구를 하기도 하고 정말 목불인견(目不忍見)이다. 임기 1년이나 남아있는 정권 중에 이처럼 혼란하고 분열하고 흔들리는 정권은 본 적이 없다.

지금의 이분들이 이렇게 행동하는 이유는 지난 10.26 서울시장 보궐선거 결과를 보고 내년 4월에 있을 자신들의 국회의원

선거에 도대체 승산이 없을 것이란 예측까닭에 이렇게 사분오열하고 있는 것이 틀림없다. 여기서 지난 선거 결과를 잘 분석해 보았는지 모르겠다. 한나라당 나경원후보의 1.867.880표(46.21%) 와 박원순후보의 2.158.476표(53.40%) 의 정확한 표차는 290,596 표였다.

그러면 지금 이 분들은 46.21%의 지지자들에 대하여는 어떻게 생각하고 있는지를 묻는다. 그분들이 지금 하고 있는 꼴을 보고 어떤 생각을 할는지는 생각해 보았는가.

20대와 30-40대의 집단 몰표까닭에 패배한 것이다. 여기서 당을 깨버린다든지 탈당을 하고 당명을 바꾸고 헤쳐모여를 한다고 그들이 돌아오고 당의 지지율이 올라 갈 것이라 상상하고 있는가를 묻고 싶다.

이는 꼭 말썽을 피우고 미운 짓을 하여 신임을 잃은 손자 녀석이 그 신임을 만회하려고 이름을 바꾸고 옷을 갈아입고 별짓을 다하는 것과 같다. 마음자세를 바꾸고 행동을 바꾸어 변하지 않으면 소용이 없다. 속지 않는다. 그런 얄팍한 술수나 잔꾀로 분노한 지지율이 높아질 줄 착각하는가. 그 사고와 안목이 다시 말하지만 꼭 새대가리 같아 보인다.

지난 선거의 참패의 원인은 20대와 30-40대 넥타이부대의 젊은 층의 집단 몰표까닭이라고 분석했다면. 저들이 얼마나 절망하고 있는지 그 절망이 분노로 표출되었는지를 헤아려야 한다. 저들의 현 기득권 정치세력에 대한 불신은 상상을 초월한다.

그 불신과 분노가 안철수, 박원순 신드롬을 일으키고 있는 것이다. 안철수씨는 정치에 문외한이다. 그런 그를 50% 이상의 유권자들이 가장 유력한 대권후보로 지지하고 있다니 이는 의사나 검사를 바다에 나가 생선을 잡는 어부가 되거나 기술직 노동자가 되라는 것과 마찬가지라 생각한다.

이와 같은 현상의 그 원인이 무엇인지를 분석해 보아야 한다. 희망을 잃은 세대들, 아무리 노력해도 문제가 해결되지 않는다는 절망, 기득권층과의 너무도 차별된 양극화, 꿈과 희망을 잃어버린 젊은이들의 내면을 정확히 파악하고 이해하고 함께 아파하는 자세가 있어야 한다.

대통령이 이것을 알아야 하고 모든 정치인들이 이해하고 함께 느끼고 해답을 찾아 나서야 한다. 대통령의 인사가 전문성보다 낙하산인사 등 지속되는 부패의 고리를 과감하게 깨뜨려 버려야 한다.

지난번 한전 정전사고 후 후속인사를 어떻게 했는가 한번 조사해 보라. 필자가 알고 있는 강릉 폴리텍대학 학장 인사(지난 8월)를 알고 보니 전문직 현 학장을 탈락시키고 어디서 온 노동운동을 하던 인물이 낙하산 인사로 온 것을 목격했다. 물론 심사과정을 거쳤다고 강변 할 것은 틀림없다. 이것은 전국적으로 보면 빙산의 일각이다. 앞으로 이 나라의 부패를 면밀히 분석하여 시정하지 않으면 안 된다.

지금 대학생들은 중고등학교부터 오로지 대학에 가는 것을 목표로 달려왔다. 대학만 가면 우선 꿈이 이루어 질줄 알았는데 대학에 합격하고 보니 막상 무거운 등록금으로 부모에게 부담이 되고 대안은 없고 학자금대출을 받아 졸업을 해도 그 대출금을 조회하여 취직에 지장이 있고 취업이 되어도 갚아나가려면 최소한 5년 이상 갚아야 가능하고 만일 취업이 안되면 신용불량자로 전락하고 만다.

이런 대학생들의 분노와 시위를 이해해야 한다. 그리고 일단 취업 포기자나 실직자들은 접어두자. 그분들의 그 절망적 상황은 일단 언급하지 말자.

우선 계약직 노동자들과 일용직 노동자들이나 조사해 보자.

통계청은 2011. 10월 28일 8월 경제활동인구조사 발표에 보면 비정규직 노동자는 599만 5천명으로 전체 임금근로자의 34.2%라 하며, 고용기간이 한시적인 근로자 344만 명, 시간제 약 170만 명, 파견·용역·특수고용·일일근로·가내 근로자를 포함하는 비전형 근로자는 약 242만 명이라 한다. 이것은 통계청 발표이고 - 반면 한국노동사회연구소 김유선 소장의 분석에 따르면 비정규직 규모는 865만 명, 전체 노동자의 49.4%가 비정규직으로 훨씬 더 많다는 분석이다.

저분들은 그 수입으로는 아무리 노력해도 형편이 나아질 수 있는 미래의 희망이 없다. 심지어 유지하던 보험을 해약해야 하고 몇 푼씩 부어나가던 적금도 유지 할 수가 없어서 해약하기도 하고 생활을 위하여 카드빚을 쓰고 융자를 받아 하루하루 살아가는 경우가 지금 허다하다. 이와 같이 꿈과 희망을 잃은 빈민들이 얼마나 되는지를 파악해 보았는가 묻는다.

지금 국민의 50% 이상이 빈민으로 아무리 노력해도 잘 살수 있다는 꿈을 가질 수 없게 되었다.

그보다 좀 나은 계층 – 어렵게 내 집 마련을 하려고 아파트를 분양받은 사람들 중 통계가 수도권 39%가 집 산 것을 후회하고 1년 이내에 팔리지 않으면 융자금과 이자부담으로 대책도 방법도 없다고 조사된다. 이분들도 희망을 가질 수 없게 되었다. 허리띠를 졸라매어도 아무리 노력해도 대책이 없고 출구가 없어 이분들도 그 절망이 분노로 바뀐 것이다.

이와 같은 현실을 대통령이 알아야 하고 청와대 비서진, 국무위원, 금감원, 국회의원, 국가 요직에 앉아 계신 지도층들이 파악하고 이해하고 공감해야 한다.

그리고 그 낮은 자리로 내려가서 어떻게 해답을 찾을까 함께 아파해야 한다. 국민들의 지지율을 높이는 방법은 간단하다. 당명을 바꿔 달고 탈당을 하여 헤쳐모여를 하고 별짓을 다 해도 소용이 없다. 저분들을 감동시킬 뜨거운 가슴을 가지고 그들 속으로 들어가서 함께 아파하고 함께 울어주는 감동이 있어야 한다. 대통령이 저분들을 감동시키고 울려야 한다.

브라질의 룰라 대통령을 '눈물의 대통령' 이라고 부른다. 그분은 너무도 가난했던 어린 시절을 잊지 않았고 대통령이 되었어도 그 가난하고 비천한 빈민들과 배고픈 사람들과 함께 느끼고 울어주는 뜨거운 사랑의 가슴이 있었기 때문에 국민들이 그에게 감동했던 것이다.

국회의원들도 그렇다. 지역구 빈민들을 찾아 낮은 곳으로 가라. 저들과 가슴을 나누고 아파하고 울어주고 대안을 찾아주려 안타까워해야 한다. 진심으로 그렇게 해야 한다. 일회성 연기에는 안 속는다. 어린아이도 짐승들도 정말 자기를 좋아하고 사랑하는지 정확히 다 안다. 하물며 수준 높은 우리 국민들이 속을 리가 없다.

룰라 대통령은 재임 8년 동안 600여일을 국민들 속에서 서민들과 기거를 함께하고 생활했다. 그는 "나를 사회주의자라고 하거나 자본주의자라고 하거나 관심이 없습니다. 나는 오로지 가난한 사람들이 살기 좋은 세상을 만들고 싶습니다." 라고 했다.
그는 퇴임 할 때까지 만년 재정적자와 국가부채를 다 갚고 세계 제 8위 경제번영을 이룩했고 국민지지율이 87%였고 상파울로에서는 95%이상이었고 그의 퇴임 연설은 온 국민을 울리고 눈물바다가 되었다. 온 국민을 가슴으로 사랑했기에 가난한 자들과 빈민들은 그는 우리의 친구, 우리의 도움, 후원자라고 생각하고 느꼈던 것이다.

이제부터는 이명박 대통령은 외국순방을 지양해야 한다. 아니 중지해야 한다. 꼭 가야할 곳이라면 총리를 보내라. 항상 서민들을 찾아가서 거기 머물면서 그들의 아픔과 애환을 함께 느끼는 대통령이 되어야 한다. 적어도 하루 동안은 택시운전도 해야 한다. 거리를 청소하는 미화원과 함께 청소도 해야 한다. 식당 자영업자와 함께, 병원, 빌딩 청소 아줌마들과 함께, 공장 노동자들과 함께, 고기잡이 어부들, 농부들과 함께 가장 힘들고 어려운 일을 하며 느끼고 아파하는 마음가짐, 그리고 그들의 처지를 이해하고 미안해하고 꿈을 이루어주지 못함을 눈물 흘리는 대통령, 국회의원, 도지사, 정치인들이 되어야 한다. 그러면 이 나라가 얼마나 훈훈하고 화기애애하고 행복한 나라가 될 수 있겠는가.

대통령의 월급을 지금 어떻게 사용하는지 공개하고 퇴임 후 기거할 사저를 이전 대통령들 같이 하지 말고 "나는 경호원을 두지 않겠다. 누가 나를 폭행하든지 암살해도 좋다."고 "우리나라 국민의 전체통계의 가장 중간 수준으로 집도 승용차도 생활도 하겠다."고 선언하고 반드시 그렇게 실천해 보라. 대통령 재임 시보다 퇴임 시 더 국민을 감동케 할 수는 없겠는가. 성경에 『낮아지고자 하면 높아지고 섬기고자 하면 섬김을 받는다.』고 했다. 이것이 정답이다.

1. '양극화 해소 위원회' 를 만들어야 한다.

우리나라 전체 5,000만 국민들의 생활수준을 계층별로 정확히 통계를 내고 그 중간 단계를 발표하고 거기에 맞추어 사는 운동을 전개해 보는 것을 제안한다.

그보다 더 많이 가지고 더 부요하게 사는 것을 부끄러워하게 되는 사회분위기를 조성해야 한다. 이것을 공산주의 같은 이상한 착각으로 매도하고 비판 할 수도 있겠지만 그러나 우리나라가 양극화를 해소하고 더불어 행복하고 희망과 꿈을 꾸며 사는 세상을 열어 가면 좋겠다.

국무위원, 국회의원들 대기업 재벌오너들 금감원이나 국영기업체의 임직원들, 모든 국민들의 통계를 내어 평등사회를 유도하는 정책을 개발해야 한다. 그리하여 스스로 표준 생활에 맞추어 살려고 노력하는 세상을 만들었으면 좋겠다.

우리나라 지방자치단체 시의원이나 구 의원들의 경우를 보면 선거 때는 서민을 찾아다니며 허리를 굽실거리지만 당선되고 나면 귀족으로 변한다. 그리고 세비나 올리려 안달하고 구실을 붙여 해외여행이나 다니고 이권이나 챙기고 부패에 연루되고 유권자들을 실망시키는 경우도 적지 않다. 이것이 차별은 있으나 중앙정부 대부분 정치인들의 모습이라 생각한다.

이따위 정치인들의 배반과 몰염치가 국민들을 분노케 하는 것이다. 지금 우리나라 국민들의 수준은 절대로 속지 않는다. 이번 수도권의 젊은 청장년들의 경우가 바로 그렇게 나타난 것이다. 한나라당, 청와대, 모두 낮아져야 한다. 여기서 얼마든지 난국을 돌파하고 지지율을 높이고 업그레이드되어 세계가 부러워하는 초강대국, 선진국으로 도약 할 수 있다.

2. 한국의 정치개혁을 위한 제안

 우리나라는 선거철만 되면 정치인들의 행태가 꼭 광분(狂奔)하는 것으로 보인다. 광분(狂奔)이란 단어를 조회해 보니 『어떤 일을 꾀하려고 미친 듯이 날뛰는 모양』 이라고 해석하고 있다. 지금 2012년 4월 11일 총선을 앞두고 기존 국회의원들뿐만 아니라 그동안 절치부심(切齒腐心) 기회를 기다리고 있던 정치 지망생들의 행태가 그렇게 보인다.

 전국 245개 선거구에 여당은 총 972명이 공천을 신청하여 평균 4대1, 야당은 713명, 약 3대1의 경쟁률로 나타났다. 공천심사위원회에서 심사가 끝나니 낙천(落薦)한 분들은 공정하지 못하다느니, 주민지지율이 잘못 반영되었다느니 당 대표 측근들만 특혜를 주었다느니 지도부를 비난하고 심지어는 탈당을 하거나 새로 당을 만들기도 한다. 도대체 왜 저토록 국회의원이 되려고 안달을 하고 저토록 집착하는 것일까.

부와 명예와 권력을 얻기 위함인가. 아니면 특권층으로 신분이 바뀌기 때문일까. 필자가 생각하기에는 꼭 도박중독자처럼 보인다. 한순간 큰돈을 따 본 사람이 그 매력을 포기하지 못하고 몰입하는 것과 비슷해 보인다. 재산을 다 탕진하고 손가락을 자르고도 다시 도박장을 찾는 이유는 한탕하면 일거(一擧)에 복구한다고 생각하기 때문일 것이다. 혹시 국회의원이 되려는 분들 중에 이와 같은 망상이나 착각에 빠진 사람이 없는지 모르겠다.

1. 정치인의 사명

정치를 하려는 사람은 분명한 정치철학이 있어야 한다. 권세와 명예와 특권을 누리려는 것이 아니라 어떻게 그 직무와 사명을 감당하겠다는 분명한 철학과 역량과 열정이 있어야 한다. 그런데 이와 같은 사명은 뒷전으로 한 채 우선 당선되고 보자는 심보는 아닌지, 내세운 허황된 공약이나 정치 철학은 오로지 구색을 맞추려는 억지춘향이 아닌지 모르겠다. 이런 한심한 사람일수록 더욱 안달을 하고 광분하는 것 같다.
국회의원이 되려는 사람이라면 유권자들과 국민들이 희망을 꿈꾸고 살맛나는 세상을 만들겠다는 정치철학과 역량과 열정이 있어야 한다. 과연 자신의 열정과 꿈을 실현하여 국민을 섬기고 봉사하기 위함인지, 아니면 입으로는 온갖 미사여구를 지껄이지만 실상은 권세와 특권을 노리는 것은 아닌지 분석 조사해 보아야 한다.

2. 국회의원이 누리는 특혜들

① 사법권으로부터 불체포특권과 면책특권 ② 법을 만들거나 바꿀 수 있는 권리 ③ 국정감사권 ④ 대통령 등 행정기구 장관들에 대한 탄핵소추발의권과 의안발의권 ⑤ 세비 연 1억 2439만7320원, - 이것은 2010년 통계이고 2011년에 5%인상됨) ⑥ 4급 보좌관 2명, 5급 비서관, 6급, 7급, 9급 등 사무여직원과 운전기사, 7명의 보좌진, 이들에게 년 3억 8천만 원 지급, 의원 1인당 년 5억 이상 지출. ⑦ 철도와 선박과 항공기 무료 사용권 ⑧ 외국사절이나 시찰명목 1년에 2번씩 해외여행 ⑨ 65세부터는 죽을 때까지 매월 120만원 연금혜택 ⑩ 그 외에 누리는 특권이 200여 가지나 된다고 한다.

한국의 국회의원들에게 드는 돈이 매년 300명×5억=1,500억이라고 추산된다. 반면 저들이 18대 국회 회기가 끝나는 지금 처리하지 않은 법안이 6,786건(2012. 3. 19일 현재)이라 한다. 오로지 자신들의 정치적 입지강화를 위한 것이나 이권(利權)에 관계되는 것만 집착하는 것으로 보인다. 지난해 필자가 칼럼으로 제안한 『패륜행위 방지와 처벌법』과 같은 꼭 필요하고 건강한 법안은 안중에도 없는 것 같다.

3. 개혁이 필요한 한국의 정치계

최근 미국 국회의원들은 일괄적으로 급여 10% 삭감, 급여 자동 인상조항 폐지, 예산안처리 시한 못 지키면 25% 삭감' 등 동결·삭감 법안을 18건이나 시민단체가 주도하는 것이 아니라 의원들 스스로 발의했다고 한다.「우리 연봉을 10% 줄인다고 정부 재정에 큰 영향은 못 미치겠지만 이게 최소한의 도리」라고 자발적으로 아이디어를 내고 있다는 것이다.

일본도 2012. 3. 5일 보도에 의하면 의원급여를 연봉의 14% 줄인다고 한다. 독일 연방하원들의 월급(2010년) 세전 7668유로로 한 달에 약 1150만원, 미국 역시 하원의원 월급이 1만 4000달러(1600만원)이면 우리나라와 큰 차이가 없지만 우리나라보다 국내총생산, 일인당 국민소득을 고려하면 우리나라가 두 배나 많다는 결론이다.

스웨덴 국회의원들은 일주일에 80시간 넘게 일해야 하고 전용차가 없어서 대중교통으로 출퇴근해야하고, 공무 출장 때도 가장 싼 표를 사야 의회에서 비용을 돌려받는다. 그리고 면책특권도 없다.

우리나라의 정치권이 새로워지려면 권력과 특권을 누리려고 불나방처럼 달려드는 사람들을 배제해야 한다.

그러려면 지금의 세비를 절반으로 낮추고, 관용차 등 모든 특권을 취소하고, 스웨덴처럼 바꿔야 한다. 그래야 오로지 국가와 국민을 위하여 봉사하고 섬기겠다는 소명감 있는 인물들이 정치를 하게 될 것이다.

지금 우리나라 국민의 의식수준을 감안한다면 위 세 가지를 도

입하는 것이 가장 바람직한 정치개혁이 될 것이고 지금과 같이
요동하고 광분하는 행태가 사라질 것이다.

그리고 국회의원 1명당 인구 비율을 조회하면 한국 16만, 멕
시코 21만, 일본 26만, 브라질 37만, 중국 45만, 인도네시아
42만, 미국 70만으로 의원을 줄일 필요가 대두되고 있다.

3. 한국의 사법부의 행태

1. 양심의 법과 세상의 법

인간 심령에는 누구에게나 내재된 양심(良心)의 법이 있다. 양심은 인간이 처음 지음 받을 때 하나님이 부여하신 세 가지 영성 중에 하나로 자기 자신의 그릇된 행위에 대하여 책망하고 꾸짖는다. 어느 누구도 이 양심의 법 앞에서 피하거나 도망갈 사람은 없다. 간혹 죄로 지나치게 오염되어 그 기능이 마비되고 화인 맞은 양심이 있기도 하다. 이와 같이 양심이 화인 맞으면 거짓을 진실이라고 뒤집어 놓고도 불편해 하지도 가책도 없게 된다.

지난 1월 17일(2012년) 한국에서 영어강사로 일하던 캐나다인 C씨(38세)가 경찰에 자수한 뉴스가 있었다. 그는 3년 전(2009년 3월 23일 오후 8시) 한강에서 대학생 김모(당시 21세)양을 물속에 빠뜨려 익사시키고 "테니스공을 건지려고 들어갔다 익사했다."고 거짓말을 하고 캐나다로 출국했으나 지난 3년 동안 양심의 가책과 심리적 고통에 견딜 수 없어 지난 14일 입국하여 미국인 목사에게 범행을 자백하고 피해자 가족에 용서를 구하고 16일 용산경찰서에 자수했다는 보도였다. 그는 자기 자신 이외에 아무도 모를 살인사건을 양심의 고통에 견딜 수 없어서 감옥에서 징역형을 받든지 어떤 형벌을 받더라도 평생 양심의 고통보다 낫다고 여긴 것이다.

위와 같은 양심이나 상식과 순리가 통용하지 않을 때 마지막으로 찾아가는 잣대와 같고 보루[堡壘]와 같은 것이 법(法)이다. 그러나 그 법을 집행하는 분들이 어떤 이익을 위하여 법을 어긴다면 그 사회는 질서가 무너지고 큰 혼란이 올 것이 자명하다. 특히 범죄사건에서 증거나 사실을 정확히 조사하여 그 증거를 근거로 판결해야 법의 권위가 서고 순복하게 될 것이다. 그런데 법질서의 주체가 되는 사법부가(법관이) 사실이나 증거를 조작하거나 인멸한다든지 진실을 거짓으로 바꾸어 판결을 내린다면 그것은 법을 빙자한 더 파렴치한 용서할 수 없는 악행이라 할 것이다. 그와 같은 세상이라면 그 나라에 무슨 희망이 있겠는가.

2. 부러진 화살

최근 '부러진 화살' 이라는 영화가 개관 8일 만에 관객 115

만을 돌파하며 온 국민들의 화두[話頭]가 되고 있다. 이 영화는 1995년 성균관대학교 본고사 수학문제 오류를 지적한 김명호 교수의 사건이다. 그는 원칙을 지키는 고지식한 성품 까닭에 동료교수들과 학교당국으로부터 미움을 받고 왕따 당하여 이듬해 해교행위'와 논문 부적격'이라는 이유로 재임용에 탈락하자 자신의 억울함을 교수지위확인소송'을 제기했으나 1, 2심에서 패소하자 2심 담당재판장이던 박홍우 서울고법 부장판사의 집에 찾아가 석궁을 발사했다는 이른바 '석궁 테러사건'을 주제로 삼고 있다.

김명호 교수의 탈락의 이유가 학자로서 존중해 주어야 할 원칙을 지키려는 소신 때문이라는 점이 어처구니가 없고 그를 1) 교육적 자질이 의심스럽다는 둥. 2) 교수로써의 자격이 없다는 학생들의 거짓평가서 등은 그를 견딜 수 없게 했을 것이라 공감이 된다.
이와 같이 고지식함과 결벽성이 강한 그가 자신의 억울함과 부당한 판결을 내린 판사를 찾아가 잘못을 시인케 하고 충격을 주기 위해(김 교수의 주장) 준비한 석궁으로 위협하고 몸싸움을 하는 과정에서 튕겨나가 발사된 화살이 부러졌고 피해자 판사는 화살을 옆구리에 맞아 상처를 입었다고 피 묻은 셔츠를 증거물로 제출했으나 셔츠에 묻은 피와 피해자의 피가 동일한지를 확인하자는 피고측 변호사 요구도, 부러진 화살도 피해자 판사를 증인채택 요구도 모두 거부하는 등 판사라는 존귀하신? 직책 때문인지 법을 모르는 일반인이라도 공분할 일방적 판결을 내려 버렸다.

한국의 사법부가 지금 국민들로부터 불신과 비판받는 이유가 여기에 있다. 만인에게 법을 공정하게 적용해야 할 법관이 사실과 증거를 확인하지 않고 동료판사에 대한 재판에서 자기 집단에 대한 도전이라고 여기고 성명을 발표한다든지 조작된 증거물로 의도대로 판결을 몰고 간다면 이는 분명한 집단 이기주의 폭거라 비판받게 될 것이다.

3. 한국 사법부의 횡포와 오만함

한국의 사법부가 얼마나 권위주의적이고 오만한지는 법정에 가봐야 비로소 알 수 있다.
언젠가 39세 판사가 69세 노인에게 '어디서 버릇없이 툭 튀어나오느냐.'는 막말을 했고 또는 '때깔 좋다.' '나가라면 나가!' 차렷! 열중 쉬엇!' 등 오만한 언사로 억울한 민원을 판결받기 위해 법정을 찾아 온 사람에게 모멸감을 주는 행위들은 저분들의 횡포와 오만함을 보여주고 있다. 필자도 역시 원칙과 소신을 타협하지 않는 결벽성 까닭에 여러 건의 소송으로 경찰서나 검찰에서 조사를 받기도 하고 법정에 서서 재판을 받아본 경험이 있다. 한국의 사법부가 얼마나 서민을 무시하고 권위주의적인지는 거기에 서 봐야 비로소 알 수 있을 것이다.

필자가 들은 바에 의하면 판사에게 어떤 사건이 배정되면 사건의 내용이나 옳고 그름보다 담당 검사와 양측 변호사가 어느 학교 출신인지 몇기 인지를 더 중요하게 여긴다든지 변호사가 상대편 변호사를 매수하기도 하고 승소와 패소를 보상 한다든지 담당판사, 검사, 변호사가 거래를 하기도 한다는 내용은 어디까지가 사실인지 모르지만 우리 사법계의 단면이 아닌가 생각되고 이래도 되는가 하는 어처구니없다는 생각이 들기도 한다.

사법부가 국가 법질서를 지키고 정의를 실현하는 것이 아니라 오히려 횡포와 불법과 집단이기주의에 도취하여 오히려 갈등과 불신을 유발한다든지 국민의 공분을 자아내서는 안 될 것이다.

4. 2014년 이후의 아파트 전망

 이 글은 필자가 예상하는 추측과 견해일 뿐 반드시 그렇게 된다고 단정해서는 안 된다. 이 글을 읽으면서 "이런 생각을 가진 사람도 있구나." 라고 참고하고 판단은 스스로 하기 바란다.

필자가 쓴 칼럼 중 2008년 4월 1일자 "대 기업의 265조 잉여금과 농어민 도시 빈민들과의 관계 2008, 9, 4일자 "이명박 대통령에게 고함!" 2009년 1월 9일 "농어민, 도시빈민을 생각하며(등유값 인하에 대하여)" 그리고 2009년 칼럼 중 "이명박 대통령의 신 빈곤층 발언을 보고." "용산화재 사건은 화약고에 불을 붙인 것이다." 2010년 "한국사회 양극화의 심각성과 그 대안(1).(2).(3)" 등 칼럼들을 조회하여 판단해 보시기 바란다.

지난 9일(2011. 5. 9) 뉴스에 중국의 6,000억 원대 자산가로 알려진 한 40대 사업가가 자신의 몸에 불을 질러 분신자살했다는 보도가 있었다. 40대의 나이에 엄청난 부를 성취하여 많은 중국인들의 선망의 대상이었던 그의 내면을 들여다보니 빚더미 재벌에 지나지 않았음이 비로소 들어난 것이다. 특히 이권에 밝은 중국인들이 그의 외형적 허세에 속아 자기 집을 담보로 은행대출을 받거나, 은행 직원은 불법 대출을 해주고 높은 사채이자를 챙기려 했다가 큰 낭패를 보았고 그 충격에 심장마비로 돌연사하는 등 파문이 확산되고 있다고 한다. 그의 기업은 시한폭탄과 같은 위험성을 안고 있었던 것이 확인된 것이다. 시한폭탄이란 언젠가 반드시 폭발하게 되어 있는 것이 아니겠는가.

이번 부산저축은행 사태 역시 시한폭탄과 같은 재앙이었다. 대주주나 은행 경영진의 불법 배당금 챙기기나 불법대출 등 도덕적 해이뿐 만 아니라 가장 큰 요인은 PF(Project Financing) 대출이 문제였다. 건설회사에 단기, 고리로 융자해 주던 자금이 가장 큰 젖줄로 아파트가 인기가 있고 분양이 잘될 때는 그런대로 견딜 수 있었을 것이다.
그러나 아파트 미분양이 적체되고 자금 회수가 어려워지기 시작하고 최근에는 우량건설사까지 부도처리가 되면서 대출금을 몽땅 떼이게 되니 견딜 재간이 없었을 것이다. 최근에는 지방 중소 건설사는 물론이고 LIG건설, 삼부토건 등 법정관리를 신청하여 건설업계에 부도 공포가 확산되기 시작했고 다음에는 어느 건설사 차례일지 조마조마한 상황이 되고 있다.
또한 이것을 관리 감독해야 할 금융감독원이 그 부실과 불법을 덮어주고 무마해 주는 조건으로 뇌물을 수수한다거나 감독관리 받는 금융회사에 감사로 낙하산 인사가 되어 3-4억 연봉을 받고 있다니 이 또한 시한폭탄과 같은 뇌관을 품고 있는 게 아니겠는가.

이와 같은 현상이 어디 부산저축은행 뿐이겠는가. 5대(우리, 신한, 하나, 농협, 국민은행 등) 시중은행들도 모두 예대율(預貸率)이 100%가 넘는다는 통계이다. 어느 시중은행은 국회에서 예대율을 공개하라는 요구를 거절했다고 하니 무엇을 말해주는지 생각해 봐야 한다. 만일 5대 시중은행들도 재무구조를 공정하고 투명하게 실사한다면 어떤 형편일지 궁금하기도 하다.

이미 전국의 주택 보급률이 국민은행 통계자료에서 112%, 수도권도 102%가 넘었다는 통계이고 분양 아파트 54%가 미분양이고 이중 대형은 전체의 63%가 미분양이며, 2011년 5월 현재 미분양이 8만 가구라 하며, 6월 중 시장에 쏟아져 나올 신규아파트도 3만 670가구이며 2011년 총 22만가구가 분양된다고 한다. 뿐만 아니라 최근 조사된 한국의 60세 이상 노인이 730만 명이라 한다.(2009년 말 65세 이상 521만 명) 그 중 75세 이상이 15년 내에 사망한다고 친다면 절반인 365만 명을 부부로 나누면 이분들이 거주하는 주택 180만호가 매물이 될 것이며 이 숫자가 결코 만만한 물량이 아니다. 또한 2018년부터 인구는 감소한다고 하니 이미 건축해 놓은 주택이나 지금 건축하는 아파트의 물량만 해도 수요를 초과하여 넘쳐난다고 보아야 한다.

지난 5월 초 한국은행이 발표한 가계대출규모가 937조가 넘어섰다고 한다. 이에 카드대출이나 사채시장을 포함하면 그 규모는 어마어마하다 할 것이다. 간단히 1,000조라 하면 5,000만 국민 한 사람당 모두 2,000만원의 부채를 떠안고 있는 셈이다. 아파트 담보로 분양 받은 가구들 중에 거치기간이 끝나고 원금 상환기간이 도래했으나 원금 상환의 능력이 없어 서류를 다시 꾸며 거치기간을 연장하고 있으나 저들의 수입이나 경제 규모로 감당키 어려운 한계가 되고 있다.
이와 같이 무리하게 아파트를 매입한 이유는 지속적으로 오를 것이라 생각했기 때문이다. 그러나 지금은 오르는 것은 고사하고 손해를 보고 매물로 내놔도 매수자가 실종돼 버렸다. 이제 후회해 봐도 소용이 없다. 이자부담이 힘들어지고 값을 계속 하락하니 팔수도 없고 원금 상환 할 수도 없는 지경에 이른 것이다.

수도권 전체 가구 중 39%이상이 집 산 것을 후회하거나 1년 이내에 팔아야 된다고 조사되고 있다. 만일 저들이 모두 아파트 매각을 시작한다면 과연 누가 그 매물을 받아 줄 수 있는가를 생각해 보아야 한다. 이미 폭락은 불 보듯 뻔 한일이 되었다.
부동산의 가치를 따져보면 단독주택이나 토지는 30년-50년이 지나도 그 토지는 언제나 그대로 남아있는 것이다. 그러나 아파트, 특히 고층 아파트는 30 -50년이 지나 노후 되면 콘크리트 덩어리 폐기물이 될 것이며 대지 지분도 없다. (* 2010년 3월 30일 시행된 『집합건물의 소유 및 관리에 관한 법률』을 조회하여 보시기 바란다.)

원래 콘크리트의 수명은 50년 굳고 50년 풀린다고 한다. 그때가 되면 모래와 자갈과 녹슨 고철로 남게 되고 비누처럼 아무것도 없이 녹아버리게 된다고 보아야 한다. 아파트, 특히 고층 아파트는 유통기간 30년의 소모품으로 생각해야 한다. 이것을 예측하는 사람이 과연 얼마나 되는지 모르겠다. 2년 전 미국발 세계 금융위기를 예견했던 뉴욕대 누리엘 루비니 교수가 한국의 금융위기 가능성을 재차 언급하며 "한국은 앞으로 아파트가 대재앙(pandemonium)이 될 것"이라고 한 말을 눈여겨 보아야 한다.

한국은 일본이나 미국에 비하면 경제규모가 어린애 같은 규모라 할 수 있다. 그런데 한국의 기계부채와 경제 상황이 훨씬 더 심각한 상태라 한다. 만일 아파트 매물이 쏟아지면 현재보다 반 토막이 될는지 삼분의 일이 될는지 알 수 없다. 지금은 하락의 초기단계이다. 정확한 그 저점이 어디일지는 아무도 모른다.

최근 선거에서 한나라당이 참패 한 이유는 이명박 정부가 외형적 성장이나 거시경제가 좋아졌다고 통계를 발표하고 자화자찬 하고 있지만 무너져가는 중산층과 상대적 빈곤층과 영세민의 증가를 간과한 필연적 결과라 보아야 한다. 이번 한나라당 참패의 요인은 특히 아파트 폭락사태가 그 중요한 핵심이었다.

지금 우리사회에는 귀족과 노예가 함께 공존하고 있다. 대기업, 공무원, 금융기관, 국영기업체의 정규직을 귀족이라 한다면, 자영업자들과 일용직, 또는 계약직 노동자들은 월 수 100만 원대로 새벽부터 밤늦게까지 땀 흘려 일해도 적자가 누적되는 노예와 같다고 해도 지나친 표현이 아니다.
2014년 이후가 되면 아파트의 전망이 어떻게 될는지 그 폭락의 여파가 어떨는지 매우 우려스러움을 숨길 수 없다. 그 폭락은 5년 이상 지속 될 것이라 예측된다.

5. 서민경제와 대기업의 책임

 이명박 대통령은 집권 초기에 대기업을 향해 ①대기업도 진정으로 바닥 민심을 알고 사회적 약자에 대해 배려하는 마음이 있어야 성공할 수 있다고 본다. ②대기업은 몇 천억 원 이익 났다고 하는데, 없는 사람들은 죽겠다고 하니까 심리적 부담이 된다. 대기업들도(정부가) 하라니까 하는 게 아니고 사회적 책임을 느껴야 된다. ③ "대기업을 쥐어짜는 것이 아니라 공정하게 하라는 얘기다. 대기업의 현금 보유량이 많은데 투자를 안 하니 서민이 더 힘들다." ④일자리 창출과 투자, 중소기업과의 상생·협력 문제에서 대기업들이 좀 더 적극적으로 관심을 가져야 한다. 등 질책성 쓴 소리를 쏟아내고 있다.

외형적으로는 지난해(2009년) 경제성장률이 1분기(0.2%)를 고비로 성장세로 돌아서 견고한 상승 흐름을 이어가고 올 전반기 7.2% 경제성장 했다는 놀라운 지표는 있어도 서민경제의 현상은 중산층이 무너지고 빈곤층이 증가하는 현상을 늦게라도 파악한 것이 아닌가하는 생각이 든다. 특히 대기업 30대 상장사의 지난해 평균 유보율은 전년도보다 294%포인트 상승한 2,887%를 기록, 3,000%에 육박했다는 것이다. 이는 자본금보다 28배가량 많은 잉여금을 보유하고 있다는 것이다.

기업별 유보율을 조회하면 SK텔레콤이 27,908%이며 삼성전자 6,909%, 포스코6,167%, 롯데쇼핑5,960%, NHN4,491% 등으로 조사됐다. 이와 같은 천문학적인 잉여금을 금고에 쌓아놓고 투자를 꺼려하고 있는 것이 문제이다. 투자는커녕 그 돈으로 돈놀이를 하여 이자만 받아간다면 이는 국민의 비난과 거센 저항에 부딪치게 될 것이라는 것을 명심해야 한다. 물론 기업의 속성은 이익창출이 틀림없으니 손해 보는 곳이나 이익이 나지 않는 곳에 투자하지는 않을 것이 당연하다. 그러나 대기업이 중소기업이나 하청업체들과 국민들에게 공생관계가 아닌 금융 부담을 준다든지 문어발식 착취의 성격을 띠고 있다면 심각한 도덕성의 문제이다. 여기서 대 기업의 서민경제에 대한 무한 책임을 짚어보자.

첫째. 권력에 의한 횡포가 사라졌다는 점이다.

5공 시절 부산의 K모 상사 양모 회장은 청와대에서 소집한 국내 재벌그룹 회장들의 모임에서 당시 최고 권력자인 대통령의 미움을 받아 생명 바쳐 키워온 회사를 해체 당하고 고통을 받은 일은 많은 국민들이 아직도 기억하고 있는 사실이다. 그 당시 권력의 눈 밖에 나면 그 어느 기업이라도 살아남을 수가 없었으니 권력의 눈치를 보지 않을 수가 없었다.

둘째. 음성적인 정치자금의 고리가 끊어졌다는 점이다.

이와 같은 시기에 그 어느 기업이라도 권력의 눈 밖에 나면 살아남을 수가 있었겠는가. 강남 대치동 은마아파트를 지은 H그룹의 J모씨는 원래 세무공무원 이였는데 당시 이런 점(풍토)을 파악하고 로비와 뇌물의 귀재로 변신해서 타 기업들보다 뇌물(정치자금)에 항상 '0'을 더하였다고 한다. 타 기업이 1억을 바치면 10억, 10억을 바치면 100억을 바쳤으니 그 당시 정치인들이 가장 선호하고 그야말로 『껌뻑 죽는』 뇌물과 로비의 귀재가 되어 하루아침에 계열회사를 거느린 기업이 되었고. 은행의 돈을 자기 통장처럼 무차별 가져다가 당진에 HB철강을 설립하였는데 당시 이런 풍토가 나라를 IMF사태를 초래하는 일조가 된 것이라 생각한다. 그 시절 기업으로부터 차떼기로 돈을 받다가 한나라당이 『차떼기당』이 된 것임을 기억하고 있다. 그러나 지금은 우리나라 대기업들이 이와 같은 고약한 사슬에서 자유로워졌고 이익이 급증하면서 유보율이 평균 2,890%를 넘어선 잉여금을 곳간에 채워 넣게 된 것이다.
이는 정치자금을 착취하고 횡포를 부리던 독재정권을 무너뜨리고 민주주의를 이뤄낸 국민의 힘이 그와 같은 사슬을 풀어준 것이라 할 수 있다. 대한민국이라는 터가 있었기에 기업이라는 집을 세울 수가 있었고 종업원과 국민이라는 동업자들이 있었기에 성장을 거듭하여 세계라는 바다에서 마음껏 항해 할 수 있고 부를 축척할 수 있게 된 것이다. 그리고 이와 같은 정치적 배경뿐만 아니라 오늘의 놀라운 성장을 성취하게 된 또 다른 이유를 아래 몇 가지로 짚어 보겠다.

1. 반도체, 전자제품, 자동차, 선박 등을 세계에 수출하여 이익을 남겼다면 그 반대급부로 그 교역 대상국과 우리의 경쟁력이 취약한 농산물, 축산물, 등을 무차별로 수입하면서 그 농어민들의 적자와 희생을 지불하고 챙긴 것이다. 그러므로 농어민들은 대기업에 그 손실을 보상받아야 한다.

2. 대 기업들은 그동안 계약직 노동자들의 월 100만 원대의 저 임금, 열악한 중소 하청업체들의 불리한 계약조건과 어음결제 등 최저 임금을 받으면서 희생한 대가도 간과해서는 안 된다. 이와 같은 서민들에 대한 무한책임을 부인하면 안 된다.

3. 지금은 잉여금이 넘쳐나지만 과거 재무구조가 취약할 때, 서민들이 저축한 금융기관과 은행들의 돈을 권력과 결탁하여 무차별로 가져다 쓰고 특혜로 누리지 않았는가도 생각해 보아야 할 것이다.

4. 외국인 투자자들이 우리나라 주식에 투자했다가 년 말에 천문학적인 이익 배당을 챙겨 가는데 그들이 가져가는 배당금 속에도 저들의 희생의 몫이 분명히 섞여 있음을 기억해야 할 것이다.

5. 이명박 대통령이 집권 초기부터 대 기업들에게 투자를 많이 늘리라고 규제를 풀어주고 기업환경을 조성하고 혜택을 주

었는데 아직도 정신을 차리지 못하고 있다면 심각한 도덕성의 문제이다.

국가경제의 중추적인 역할을 하는 대기업은 국민과 더불어 함께하는 공동체 의식을 가져야 한다. 서민경제에 어떻게 기여해야 할까를 심각하게 고민하고 정책을 개발해야 하며 농어민 도시 빈민에 대한 책임감을 가져야 한다.

이명박 대통령의 주문과 질책이 있어서가 아니라 대기업들은 스스로 서민경제에 대한 책임을 인정하고 국민들로부터 지지와 존경받는 건강한 모습으로 거듭나기를 바란다. 만일 이와 같은 사실을 외면한다면 국민적 저항을 피할 수 없다는 것을 명심해야 할 것이다.

6. 한국사회 양극화 문제 (1)

 2003년 2월 18일 오전 9시 53분, 대구 지하철 객차 내에서 한 남자가 플라스틱 통에 준비해 온 휘발유를 바닥에 붓고 불을 질러 지하철 객차 12량 모두 뼈대만 남기고 타 버리고 192명의 사망, 148명의 부상을 낸 대형 참사를 기억하고 있다. 이 참사는 자신의 처지를 비관한 범인 김모씨(56세)가 불을 지른 것으로 밝혀졌다. 또한 2008년 국보 1호인 숭례문에 불을 질러 전소된 사건도 역시 같은 성격의 사건이다.

최근 이와 같은 방화가 증가하고 있다는 것을 간과해서는 안 된다. 필자가 이 글을 쓰면서 검색해 보니 이와 같은 방화와 살인이 증가하고 있다는 것을 살펴 볼 수 있었다. 서울 소방방제본부의 발표 내용을 보면 4,996건의 화재 사건 중 752건이 사회 불만 층의 증오감과 분노에 의한 "특별한 이유 없이 고의적으로 불을 지르는 '묻지마 식' 방화 사건으로 이런 사건이 늘고 있다"고 했다. 2010. 9. 15일 체포된 대전 월평동 연쇄 방화 사건 주범 A씨, 주차장, 병원 카운터, 교회 등 11차례 방화한 그는 공공시설 경비직 등 생활고와 경제적 어려움에 견딜 수 없어 홧김에 범행했다는 것이다.

2010. 5.11 진주시내 공사장, 옷가게, 도의원 사무실 등 22건의 방화사건, 2010. 4. 17 서울 방화동 연립주택 주차장 승용차 15대 방화사건, 2010. 2월 제천 모텔 41세 투숙객 방화사건, 2010. 3. 3 고양시 1층 세입자와 3층 건물주와 계약문제로 다투다 방화하여 전소한 사건, 울산 시내 연쇄 산불 방화사건, 성남중앙 시장 방화사건 등 금년에만도 수많은 방화 사건들이 있었는데 이 모두가 사회적 요인, 불평등 빈부 격차 등 아무리 노력해도 극복할 수 없는 빈곤에 대한 절망과 분노에 의한 막가파식 범죄라는 것을 분석할 수 있었다.

방화사건 만이 아니라 살인사건도 있다. 서울 논현동 D고시원에 거주하던 정모씨(30세)가 라이터용 기름과 일회용 라이터로 자신의 방에 불을 질러 화재 연기를 피해 복도로 뛰어나온 피해자들을 미리 준비하고 있던 칼로 무차별적으로 찔러 6명을 살해하고 다수에게 중상을 입힌 사건.

2010. 9. 11일 검거된 윤모씨(33세)는 일용직 일거리가 없어 배회하다가 신정동 옥탑 방에 올라가 TV를 보던 장모씨(42세)를 망치로 내려치고 비명을 듣고 뛰어나온 남편 엄모씨(42세)를 칼로 옆구리를 찔러 살해했다. 체포된 후 "왜 그랬느냐?"는 질문에 "나는 이렇게 불행한데 웃음소리가 행복해 보여서"라며 "차라리 교도소가 편하다"고 했다.

2010. 9. 14 공원에서 누워 있던 주민을 이유 없이 흉기로 찌른 서모씨(46세) 사건, 2010. 9. 17 대낮에 길 가던 여성을 흉기로 찌르고 도주한 김모씨(47세) 등 삶을 비관하여 아무나 죽일 사람을 물색하다가 범행했다는 것이다.

통계청 발표에 의하면 현재 20대 실업자가 36만 명이라고 하지만 구직 단념자까지 합하면 70만 명이라고 하며, 비록 직장을 가지고 있지만 20대의 95%가 비정규직 노동자로 "88만원 세대"(비정규직 평균임금 119만원에 20대 급여의 평균비율 74%를 곱한 수치로 즉 88만원의 돈을 받고 아르바이트 등으로 일하는 20대)라고 한다.

현재 대한민국의 실제 실업자 수가 330만 명으로 이 숫자는 일용직과 계약직마저도 못하고 있는 사람들의 숫자라 하며, 대한민국의 임금노동자가 약 1,000만 명 정도고 그 중 반수가 계약직이니까 실제 정규직은 500만 명 정도이며, 그 500만 명 월 수입 200만 원 이하 숫자가 약 40%라고, 사실 대한민국에서 월급 제대로 받고 사는 노동자는 300만 명 정도라는 것이다. 그리고 자영업자 수가 약 600만 명 정도인데 그 중 먹고 살만 한 수입을 벌고 있는 사람은 약 30% 정도. 약 200만 명. 그러니까 현재 대한민국에서 제대로 먹고 사는 인구는 500만 명 정도라 볼 수 있다.

5,000만 인구 중에 500만 명(4인 가족이라면 2,000만 명) 정도만 제대로 수입을 가지고 있다는 통계로 보면 빈곤층과 극빈곤층이 3,000만 명이란 수치로 분석해야 한다.

어느 보험설계사가 서울 강북지역의 영구임대 APT중 10세대를 조사한 내용을 보니 다음과 같이 검색된다.

『(1) 60대 부부가14세 손녀를 키운다. 아들은 지방에 일하러 가고 며느리는 가출했다. (2) 70대 부부 평생을 노동하다 지금은 동사무소 자활 근로로 연명한다. (3) 70대 부부 남편은 청소부 아들은 빚 때문에 도망 다닌다. (4) 60대 부부 남편은 다쳐서 일 못하고 부인이 자활 근로한다. (5) 60대 부부1997년 회사 부도로 뇌경색으로 쓰러지고 30대 아들 직업이 없다. (6) 70대 부부 남편 자활 근로하고 부인 식당 일한다. (7) 60대 부부 80대 노모모시고 부인 정신 장애, 30대 딸 임시직, 아들 일용직. (8) 60대 부부 남편 공장 일. 부인지체장애 1급, 아들 직업이 없다. (9) 50대 모 30대 딸. 1,000만원 빚 때문에 매달 60만원 이자부담. (10) 60대 노모 모신 30대 공장 일용직, 불광동 철거 촌에서 쫓겨나 이사 오다.』

공기가 없으면 비행기가 뜰 수 없고 물이 없으면 물고기가 살 수 없는 것처럼, 사람이 희망을 잃어버리면 살아갈 수 없는 것이다. 사람이 숨 쉬지 않고 견딜 수 있는 시간이 1분도 안 되며 해녀들도 2~3분을 견디지 못한다고 한다.

익사하는 사람들은 물속에 머물러 있는 동안 산소 부족으로 견디지 못하고 숨을 들여 마시다가 공기가 아닌 물이 기도에 차서 5분도 안되어 사망한다. 지하실 물탱크 수리하다 가스 질식사한 노동자들도, 연탄가스로 사망한 사람도 산소가 아닌 가스를 마시니 죽고 마는 것이다. 영혼을 담고 있는 육신이 이와 같이 산소가 없으면 살 수 없는데 그러면 과연 진정한 속사람 (영혼)은 무엇을 호흡해야 살아갈 수 있는가. 속사람의 생명 공급원, 영혼의 산소는 무엇일까. 그것이 희망이고 미래에 대한 꿈이다. 사람이 희망과 꿈을 잃으면 자살하든지 이와 같이 막가파식의 범죄를 저지르게 되는 것이니 위와 같이 묻지마 식 범죄를 저지르는 사람들은 더 이상의 희망이 보이지 않으니 삶을 체념하는 것이다.

자살하는 사람은 그래도 선한 사람이다. 자기 자신의 삶을 스스로 포기하고 타인에게 직접적인 피해를 끼치지는 않기 때문이다. 그러나 내면에 축적된 불만과 증오심이 외부로 터져 나올 때 방화나 살인 등 범죄로 나타나는 것이다.

지금 우리 시대는 아무리 노력해도 빈곤 탈출이 어렵다고 생각하는 사람들이 증가하고 있다는 것이 이 시대에 가장 심각한 문제라 생각한다. 뿐만 아니라 이와 같은 가난의 대물림이 고착화되는 현상이다. 우리사회의 이 심각한 양극화 현상을 어떻게 극복해야 할까, 그 대안을 찾아야 하는 것이 이 시대의 과제라 생각한다.

7. 한국사회의 양극화 문제 (2)

『지금 20대의 5%만이 상위 그룹 한전과 삼성전자 그리고 5급 사무관과 같은 탄탄한 직장을 가질 수 있고 나머지는 이미 인구의 800만을 넘는 비정규직 삶을 살게 될 것이다.

비정규직 평균 임금 119만원에 20대 평균 급여 비율의 74%를 곱하면 88만원이 된다. 세전 소득이다 그런데 이 88만원 세대는 우리나라 여러 세대 중 처음으로 승자 독식을 받아들이는 세대들이다. 탈출구는 없다. 이 20대가 조승희처럼 권총을 들 것인가. 아니면 전 세대인 386이 그랬던 것처럼 바리케이트와 짱돌을 들 것인가. 역사의 갈림길에 서 있다.』이상은 '88만원 세대' 라는 책의 표지 안쪽의 내용이다.(조승희 - 버지니아 공대에서 총기난사하여 32명을 살해한 한국계 미국인)

지금 우리나라는 중산층이 무너지고 빈곤층과 극 빈곤층이 증가하여 양극화가 심화되고 있다. 경제력 세계 제 11위, 금년

경제 성장률 5.7%, 외환보유고 2,850억불 (2010. 9월 말 세계 4위), 지난해 무역수지 흑자가 400억불의 부자나라라고 하는 우리나라에서 과연 그 돈들은 다 어디에 있기에 이와 같이 국민의 절반 이상이 빈곤층으로 살아가고 있는 것일까.

과연 이와 같은 통계가 빈민들에게 무슨 의미와 무슨 관계가 있을까. 저들은 이와 같은 통계와 뉴스를 접할 때 강 건너 불구경 같고 오히려 분노하고 반사적 소외감이 증폭되고 있는 것이 현실이다. 청년 실업자와 구직 단념자들 대부분 청년들은 PC방을 전전하며 사회와의 소통도 거부한다. 인터넷에 올라오는 수많은 살벌한 댓글들을 보면 저들의 반감과 증오심의 일면을 엿볼 수 있다. 대학을 졸업하고 성인이 되어 취업해서 가정을 꾸리고 부모를 모시는 게 당연하지만 오히려 부모에게 부담을 주고 노인 빈곤을 증가시키고 있는 것이다. 저들은 이와 같은 현실에 절망하고 양극화의 대상들에게 반발하는 수준을 넘어 사회 질서를 부정하고 방화 살인 등 범죄의 단계로 진행하게 되는 것이다. 우리시대에 이와 같은 양극화 빈곤층 문제는 국가 질서를 위협하는 시한폭탄을 품고 사는 것이나 마찬가지이다. 그러면 과연 어떻게 이와 같은 양극화 문제를 극복할 수 있을까. 그 해답은 소수의 가진 자들 대 기업과 부유층들이 나서야 문제를 풀 수 있다고 본다. 2009년 국내 30대 대기업 상장사의 유보율을 살펴보면 전년도보다 평균 294% 상승한 2,887%를 기록했다. 이는 자본금보다 29배가량 많은 잉여금을 보유하고 있는 것이다.

이와 같은 천문학적인 잉여금을 금고에 쌓아놓고 재투자하거나 일자리를 만들지 않고 오히려 자금난에 시달리는 중소기업이나 자영업자들, 빈민들을 상대로 돈놀이를 하여 높은 이자를 착취해 간다면 이는 참으로 있을 수 없는 심각한 문제이다. 여기서 대 기업들의 국민들에 대한 무한책임을 짚어 보아야 한다. 5공 시절 부산의 K모 상사 양모 회장은 청와대에서 소집한 국내 재벌그룹 회장들의 모임에 김해공항 비행기 결항으로 지각하여 당시 최고 권력자인 대통령의 미움을 받아 생명 바쳐 키워온 회사를 해체 당하고 고통을 받은 일은 많은 국민들이 아직도 기억하고 있다. 그 당시 권력의 눈 밖에 나면 그 어느 기업이라도 살아남을 수가 없었으니 권력의 눈치를 보지 않을 수가 있었겠는가.

그 시기에 강남 대치동 EM아파트를 지은 H그룹의 J모씨는 원래 세무공무원으로 당시 이런 점(풍토)을 파악하고 타 기업들보다 뇌물(정치자금)에 항상 '0'을 더하여 타 기업이 1억을 바치면 10억, 10억을 바치면 100억을 바쳤으니 그 당시 정치인들이 가장 선호하는 뇌물과 로비의 귀재가 되어 은행의 돈을 자기 통장처럼 무차별 가져다가 계열사를 거느린 회사를 차리고 당진에 HB철강을 설립하였는데 당시 이런 풍토가 나라를 IMF사태를 초래하는 일조가 된 것이라 생각한다.
그 시절 기업으로부터 차떼기로 돈을 받다가 한나라당이 '차떼기당'이 된 것임을 기억하고 있다. 그러나 지금은 우리나라 대기업들이 이와 같은 고약한 사슬에서 자유로워졌고 이익이 급증하여 수천억 수 조원의 잉여금을 금고에 채워 넣게 된 것이다. 이는 정치자금을 착취하고 횡포를 부리던 독재정권을 무너뜨리고 민주주의를 이뤄낸 국민들이 그와 같은 사슬을 풀어준 것이다.

대한민국이라는 기초가 있었기에 기업이라는 집을 세울 수가 있었고 종업원과 국민이라는 동업자들이 있었기에 세계라는 바다에서 마음껏 항해하여 부를 축척할 수 있게 된 것이다.

이와 같은 정치적인 배경뿐만 아니라 서민들에 대한 또 다른 이유를 아래 몇 가지로 짚어 보겠다.

1) 반도체, 전자제품, 자동차, 선박 등을 세계에 수출하여 이익을 남겼다면 그 반대급부로 그 교역 대상국과 우리의 경쟁력이 취약한 농, 축산물, 수산물 등을 무차별로 수입하면서 그 농어민들의 적자와 희생을 지불하고 이익을 챙긴 것이다.

2) 대 기업들은 그동안 계약직 노동자들의 월 100만 원대의 저 임금, 열악한 중소 하청업체들의 최저 임금을 받으면서 희생한 대가도 간과해서는 안 된다.

3) 지금은 잉여금이 넘쳐나지만 과거 재무구조가 취약할 때, 서민들이 저축한 금융기관과 은행들의 돈을 권력과 결탁하여 무차별로 가져다 쓰고 특혜로 누리지 않았는가도 생각해 보아야 할 것이다.

얼마 전 미국의 억만장자 워렌 버핏 회장과 빌 게이츠 등 억만장자 40명들이 자신들의 재산을 사회에 기부하는 『기부 약속』(Giving Pledge)이라는 캠페인은 시작했다. 이 결심은 정말 쉽지 않은 결단이었을 것이다.

워렌 버핏은 2008년 10월 기준 그의 재산이 580억불로 세계 1위였다. 그는 재산의 85%인 370억 달러를 빌 게이츠가 설립한 빌 멜린다 재단에 기부했다. 그는 "만약 내가 오로지 돈만을 생각하게 되면 돈이 나의 모든 것을 통제하는 주인행세를 하게 된다." 고 "자신이 부자가 된 것은 이 시대가 만들어 준 것이며 만일 과거에 살았다면 사자의 간식거리 정도 밖에 아닌 별 볼일 없는 존재" 라고 했다. 빌 게이츠도 "미국이 있었기에 큰 재산을 만들 수 있었다"라고 말했다. 미국이라는 국가의 법과 제도, 시장 경제, 등 기회가 있었기에 성공할 수 있었다는 것이다. 지난 9월 29일 빌 게이츠와 워렌 버핏이 중국 베이징에서 중국 부호들, 장쑤황푸의 천광뱌오(陳光標) 회장, 부동산 개발회사인 소호차이나의 장신(張欣) 최고경영자 부부, 유제품 제조업체 멍뉴 창업자 뉴건성(牛根生) 회장, 왕촨푸(王傳福) 비야디(比亞迪·BYD) 회장, 차오더왕(曹德旺) 푸야오보리그룹 회장, 영화배우인 이연걸(李連杰), 등 50여 명의 중국 부호들을 초청, 『기부 약속』(Giving Pledge) 운동 확산을 위한 만찬 연회를 개최했다.

이날 연회에서는 직접 자선 사업 동참을 강조하기보다는 자신들의 기부 경험을 이야기 하는 수준에 머물렀지만 이날 연회를 계기로 중국 부호들이 '기부약속(Giving Pledge)'에 동참할 것이라는 예상이 나오고 있다.

우리나라의 재벌과 대기업들도 이와 같은 자세와 사고방식을 본 받아야 할 것이며 차원 높은 성공자들이 많이 나오는 기부

문화가 확산 될 때 양극화의 상처를 치유 할 수 있으리라 생각한다. 행복의 척도는 소유와 지위와 권세에 있는 것이 아니다.

그것들은 행복과 성공의 재료는 될 수 있어도 성공과 행복 그 자체는 아니다. 진정한 성공과 행복은 기회 지나가기 전에 가진 것으로 다른 사람들을 행복하게 할 때 누리게 되는 것이며 그것은 영원히 소유하는 자신의 보화라는 것을 기억해야 한다. 폭죽처럼 화려하지만 잠시 후 재가 되어 소멸하는 그런 찰나적인 성공(쾌감)을 넘어서서 두고 보아도 소멸하지 않는 기억하는 사람마다 보람과 기쁨과 긍지와 당당함이 증폭되는 그런 차원 높은 행복을 소유해야 진정한 성공자라 할 수 있을 것이다.

8. 한국사회의 양극화 문제 (3)

(서민경제에 미치는 통신요금과 시정하여야 할 횡포)
"이통사 낙전수입' 8천억 추정"

『SK텔레콤 등 이동통신 3사가 실제 통화하지 않은 사용량에 대해 요금을 매겨 8천억 원대의 낙전(落錢) 수입'을 올렸다는 감사원의 추정결과가 나왔다. 또 이통 3사가 새 요금제를 도입하면서 적정요금보다 최대 91배 많은 데이터통신 요금을 부과한 사실이 감사원의 자체 실험결과로 드러났다.
감사원은 12일 지난해 10-11월 통신사업자 불공정행위 규제 실태를 감사한 결과, 이 같은 문제점을 적발하고 방송통신위원회에 불합리한 통신요금 체계를 개선할 것을 통보했다고 밝혔다.』 위 내용은 2008. 6.13일자 연합뉴스기사 내용이다.
　필자는 위와 같이 불법 부과된 요금을 이동통신사들은 어떻게 시정하고 환급했는지 그리고 정보통신부와 방송통신위원회에서는 어떻게 감독하고 조치했는지를 묻는다. 2010년 10월 4일 세계 최대 통신업체 미 버라이즌사가 그동안 잘못 부과했다고 지적을 받아온 무선 데이터 요금을 최대 9000만 달러를 1500만 명의 고객에게 10월과 11월 요금 청구서에서 2- 6달러를 공제 환불하겠다고 밝혔다.

위 회사는 수백 명의 고객들로부터 쓰지도 않은 데이터 사용료와 웹 접속비를 받았다는 민원을 4년 이상 버티다가 백기를 든 것이다. 이번 환불 조치는 FCC(미 통신위원회)의 조사가 본격화하려는 시점에 나온 것으로 그동안 얼마나 부당 이득을 취했는지는 조사해 보아야 할 것이다. 버라이즌사는 휴대폰 소프트웨어에 의해 교환된 정보데이터로 인해 사용 계약을 맺지 않은 고객에게까지 요금을 부과한 것을 인정하고 잘못 부과된 요금의 환불하게 된 것이다. 하지만 FCC는 버라이즌에 무거운 벌금을 부과하는 방안을 검토 중이라고 한다. (한국경제신문 2010-10-05 뉴욕 이익원 특파원 보도 내용 참조)

지금 우리나라 각 가정마다 가족 숫자대로 휴대폰을 소지하고 있고 그 요금이 가계 지출 가운데 상당한 비중을 차지하고 있으며 특히 빈곤층 가정에서는 가장 큰 지출 비용이 휴대폰 요금이라고 볼 수 있다.

그러면 인터넷이나 휴대폰을 사용하지 않으면 되지 않느냐 누가 강요 했느냐 라고 반문할지 모른다. 그러나 그런 식으로 대응하면 안 된다. 이제는 초등학생까지도 휴대폰 증후군에 걸려 없으면 못 견디게 되었다.

SK 텔레콤의 2009년 말 재정 유보율이 28,000%로 자본금의 280배의 잉여금을 보유하고 있다는 발표이다. 그동안 어떻게 영업을 했으면 자본금에 280배의 이익금을 남겼으며 지금과 같이 빈곤 양극화가 극심한 시대에 그렇게 해도 되는지 묻지 않을 수가 없다. 물론 정당한 방법으로 이익을 남기는 것을 누가 시비를 걸겠느냐 마는 그러나 야비하고 악랄한 수법으로 서민들의 돈을 갈취해 간다면 이는 심각한 문제가 아닐 수 없다. 이에 필자가 겪은 그 구제적인 내용을 적시해 보겠다.

필자는 휴대폰에서의 인터넷 Nate를 이제까지 검색해 본 적이 없었다. 그런데 2009년 3월 24일 WBC(World Baseball Classic)야구 한일 결승전이 있는 시간에 결승 스코어가 궁금해서 처음으로 휴대폰 Nate로 스코어를 보기위하여 잠깐 검색을 한 적이 있었다. 그런데 2009년 4월 폰 요금 명세서를 받고 보니 데이터 통화료가 34,616원이고, NATE서비스 이용료가 12,500원이었다.(도합 47,116원) 아주 잠깐 야구 점수만 검색했는데 이와 같은 요금이 나온 것이다. 이에 즉시 서비스 센터에 전화를 해서 자초지종을 묻고 시정을 요구 했더니 「그러면 그 금액을 삭감한 새로운 고지서를 보내 줄 테니 그 요금 고지서를 폐기하라」고 했다. 만일 이와 같이 시정을 요구하지 않았다면 알지도 못하는 사이에 자동 이체되어 출금되었을 것이니 SK 텔레콤 이동전화에 가입한 고객들에게 이와 같은 방법으로 알지도 못하는 사이에 출금하여간 돈이 아마 천문학적인 금액일 것이라 생각이 든다.

또 하나 더 지적하겠다.

필자는 하나로통신 인터넷을 2001년경부터 사용해 왔다. 이후 하나로통신이 SK그룹에 합병되어 SK 브로드밴드가 되었다. 지난 2009. 4월 초에 국제전화 통화가 1분에 50원으로 타 국제전화보다 가장 저렴하다는 가입 선전과 전화를 여러 차례 받고 KT에서 SK 브로드밴드 070 전화로 변경하게 되었다. 그 말을 의심하지 않고 사용한 다음 달 고지서를 보니 가입 후 4월 4일부터 31일까지 28일간 49회 사용한 SK브로드밴드 070 국제전화 전화통화료가 347,061원 이라는 것이다. 이 터무니도 없는 고지서를 받고 난 후 28일 동안의 49번의 통화 상세 이용내역을 조회하여 보니 1분 이내로 사용한 것이 21회 였고. 4초에 62원, 7초에 109원, 8초에 126원, 19초에 298원, 10초에 157원, 등의 요금이 부과된 것을 계산을 해 보니 1초에 16원꼴로 요금이 부과된 것을 발견하게 되었다.

과연 4초나 7초 동안에 무슨 통화를 하겠는가. 28일 만에 통화내역을 조사해 보았기에 망정이지 생활에 바쁘거나 주의 깊게 살펴보지 않았다면 자동이체 되어 알지도 못하는 사이 이 통화료가 다 빠져 나갈 것이 뻔한 일이다.

이에 고객쎈타에 이의를 제기하고 시정을 요구하니 그 고지서는 폐기하라 하고 통화 1분에 50원씩 계산한 새 고지서를 보내주었다. 그 이외에 더 많은 여러 가지 부당행위들이 있는가 구체적으로 면밀히 조사해 보아야 할 것이다. 이와 같은 방법으로 가입한 고객들에게서 알지도 못하는 사이에 흘러나간 돈이 얼마나 많을까 상상해 보았는가. SK통신사 뿐 아니라 타 통신사들의 이와 같은 부당행위들을 아직 알지 못하는 국민들이 많이 있을 것이다.

우리나라 이동통신 3사들은 미국 버라이즌사가 관계 당국의 조사가 시작되자 시인하고 환급한 것처럼 하지 말고 이제라도 스스로 투명하게 공개하고 반환해야 할 것이다.

그리고 관계 당국인 정보통신부와 방송통신위원회에서는 그동안 여러 차례 발견되었던 부당 행위들에 대하여 어떻게 시정하고 감독 감시했는지를 공개해야 할 것이며 뿐만 아니라 이번기회에 서민들에게 큰 부담을 주는 통신요금을 정적 수준까지 대폭 인하하여 부담을 덜어 주어야 한다고 생각한다.

9. 마지막이 아름다운 사람

영국 맨체스터 유나이티드(이하 맨유) 프로축구팀에서 활약하던 박지성 선수는 한국인들뿐만 아니라 일본 중국 등 아시아를 대표하는 축구선수로 인정받고 있다.

지난 7월 9일 11시 QPR(퀸즈 파크레인저스) 팀 입단식 기자회견을 하면서 2005년 7월부터 7년간의 선수생활을 했던 맨유팀에서의 그 마지막 모습이 훈훈하고 아름다운 감동을 주고 있다.

5년 임기가 끝나면서 비리가 발각되어 망신스럽게 몰락하는 정치인들을 보다가 박지성 선수의 모습은 비교할 수 없을 정도로 신선하게 느껴진다.

박지성 선수는 입단식을 마친 후 맨유 홈페이지에 애틋한 작별의 글을 남겼다. 『지난 7년간 맨유라는 위대한 팀에서 최고의 동료들과 최고의 감독과 함께하는 특권을 누린 것이 행운』이었다고, 『많은 경기에서 영광과 기쁨을 함께했던 동료들과 감독과의 특별한 추억은 내 일생 영원히 내 가슴에 간직할 것이며 맨유의 모든 이들에게 감사한다.」라고, 그리고 팬들에게도 감사를 잊지 않았다. 『환상적인 맨유 팬들이 주었던 엄청난 성원은 언제나 간직 할 것』이라는 작별인사를 남겼다. 이에 맨유에서도 10일자 홈페이지 4개 면을 할애하여 '박지성 특집'으로 도배가 되었다. 선수 개인의 칭찬에 냉정하다고 정평이 난 퍼거슨 감독도 『박지성은 진정한 프로다. 그동안 환상적인 활약을 했지만 불행히도 충분한 기회를 주지 못해 미안하다. 더 나은 미래를 바란다.』라고 그의 미래를 축복하고 작별을 아쉬워했다.

영국 프로축구팀에서 이적하는 선수에게 이토록 배려하고 아쉬워한 적이 있었는지 그 유래를 찾아볼 수 없었던 사건이라 여겨진다. 동료 선수들도 『그는 전차 같은 선수 과소평가된 최고의 선수, 그의 기량을 확신한다. 언제나 자신을 버리고 동료와 팀을 위해 하인처럼 행동한 선수 그를 떠나보내는 것이 너무 슬프다.』라고 한결같이 아쉬워했다.

다른 팀으로 이적하면 승부의 상대로 만나야 할 피차 끊임없이 경쟁해야 하는 혼탁하고 냉정한 프로스포츠의 세계에서 선수들끼리 이토록 인간적으로 애틋한 마음을 보여 주는 장면은 아름다운 모습이 아닐 수 없다. 박지성 선수는 경기장에서의 탁월한 기량보다 오히려 소속된 공동체내에서의 인간관계가 더 아름다웠던 것 같다. 이기적인 사고로 상대를 배려할 줄 모르는 잔인한 생존경쟁의 세계에서 그의 말과 행동이 얼마나 착하고 아름다운지 모르겠다.

사람의 자세와 태도 말과 행위를 어떻게 하느냐에 따라 세상은 얼마든지 아름다워지고 행복해 질 수 있다는 것을 보여주고 있다. 박지성 선수의 이와 같은 모습은 이념과 지역과 빈부와 세대와 계층 간의 심각한 갈등으로 암울해지는 이 시대이기에 더욱 상쾌한 오아시스처럼 신선하다. 그가 이토록 아름다운 모습을 보여줄 수 있는 이유는 무엇일까.

첫째. 그의 성실함에서 찾을 수 있다. 히딩크 감독은 박지성을 처음 봤을 때 "근본적으로 실력이 뛰어난 선수는 아니었다. 그러나 목표를 향한 열정과 투지가 강했으며 의지력이 어떤 성공사례를 불러일으키는지 보여주는 좋은 케이스다. 박지성에게 경의를 표한다."고 했다.

2004챔피언스 리그 4강 1차전에서 상대팀으로 경기했던 어떤 선수는 "헌신이란 단어의 진짜 의미를 이해하는 얼마 안 되는 세계적인 선수"라고 말했고. 프랑스 중계진에서는 "공격, 허리, 수비에 총 3명의 인간 산소탱크가 지친 동료에게 산소를 주입하고 있다."라고 칭찬했다. 이는 그가 좋은 선수가 되기 위하여 얼마나 많은 훈련과 자신과의 싸움에서 성실했는지를 알게 한다.

둘째. 그의 말과 행동은 언제나 겸손했다. 성공했다고 자만하지 않고 인기가 높고 잘나간다고 건방떨지 않고 상대와 모든 사람에게 편안함을 준다. 조금 유명해지고 성공한 듯 하면 목에 힘을 주고 약한 자 없는 자를 무시하고 거들먹거리는 소인배들 같지 않았다. 팀을 떠나 이적하면서도 불만 불평이나 비판하는 말이 없었다. 인연을 가졌던 모든 이에게 따뜻하게 감사의 말만 했다.

셋째. 골을 넣을 수 있는 찬스가 와도 욕심내지 않고 다른 선수에게 기회를 주곤 했다. 경기 할 때마다 그의 도움으로 골이 성공한 경우가 얼마나 많은지 모른다. 『언제나 자신을 버리고 동료와 팀을 위해 하인처럼 행동한 선수』라는 칭찬이 그냥 생긴 게 아니다. 팀의 승리를 위해 그리고 동료선수들의 성공을 위해 자기 기회를 양보하고 배려하는 그의 섬김의 자세는 기독교 기본정신과 일치하는 것이다. 이런 점이 그를 아쉬워하고 돋보이게 하는 이유일 것이다.
박지성선수의 이런 점을 보면서 그리스도인들과 한국교회는 교훈을 얻어야 한다. 교단장의 지위와 그에 따르는 이권에 대한 탐심으로 돈을 뿌리고 법정소송을 하는 등 부끄러운 행동을 하는 목사들과 너무도 비교가 된다.

신앙의 기본자세도 팽개치고 성도들의 피와 같은 헌금을 횡령하고 하나님의 재산을 도둑질하고 가로채려는 몰염치한 이들은 이를 보고 배웠으면 좋겠다는 생각이 든다.
지위와 권세가 높아지고 돈과 재물을 많이 소유하는 성취가 세상을 아름답게 하거나 감동을 줄 수는 없다. 그러나 박지성 선수처럼 겸손과 성실함, 공동체와 이웃을 위해 하인처럼 섬겨주고 양보하는 삶의 자세가 감동을 주고 세상을 아름답게 만드는 것이다.

우리 사는 세상이 만날 때나 헤어질 때 처음보다 마지막이 박지성 선수처럼 이렇게 감동적이라면 얼마나 좋을까.

제 5 편

건강한 한국교회를 위하여

1. 한국교회 찬송가 문제 (1)

 2012년 5월 21일자로 찬송가공회의 법인이 『기본재산 출연 부존재』 사유로 충남도청으로 부터 취소된다고 한다.

이에 찬송가공회측은 행정소송 등 법적 절차를 밟을 예정이라고 하며 7개 교단에서는 새로운 찬송가를 제작하기로 결의하는 등 2006년 개편 발행된 21세기 찬송가가 보급되기도 전에 또 다른 찬송가가 나오는 등 혼란이 야기될 우려를 가지게 된다. 이에 대하여 한국교회의 찬송가의 바람직한 방향에 대하여 몇 차례 짚어보고자 한다.

BC 860년경 유다 여호사밧왕 때에 암몬과 모압의 연합군대가 유다를 침공했을 때 여호사밧왕은 금식을 선포하며 온 백성과 함께 하나님께 기도하니 제사장 야하시엘을 통하여 『너는 두려워하거나 놀라지 말라 이 전쟁은 너희에게 속한 것이 아니요

하나님께 속한 것이니라.」(대하20:15)는 응답을 주신다.

『제사장의 말대로 아침 일찍 찬양대를 앞세워 심히 큰 소리로 찬송을 부르기 시작했다. 이때부터 암몬과 모압 군대는 자중지란이 일어나 서로가 서로를 죽이니 저녁이 돼 망루에 올라 본즉 한사람도 피한 자가 없고 시체뿐이라. 적군의 남긴 물품이 너무 많아 사흘 동안 취했다.」(역대하 20장 15-30절까지)는 기록이 있다. 여호사밧 왕은 이방 민족과의 전쟁에서 찬양을 통해 놀라운 승리를 얻게 됐다.

괴테의 작품 『파우스트』 에서 주인공 파우스트가 회의와 절망 앞에서 독배를 마시려는 순간, 죽음의 공포에 떨고 있는 순간, 『예수 부활하셨네 죽어갈 자에게 기쁨 있으라. 죽음의 권세를 이겨내신 주의 사랑 그 위에 축복 있으라.』 라는 성가대의 찬양소리와 교회의 부활절 종소리를 듣게 된다.

파우스트는 교회 종소리와 성가대의 합창소리를 듣는 순간 누군가 그의 어깨에 손을 얹고 『자네는 결코 죽을 필요가 없네! 하나님이 하늘 문을 활짝 열어 주셨다네』 하는 구원의 메시지처럼 들렸다. 작품 마지막 부분에서도 악마 머피스트가 피로 서명한 파우스트의 증서를 제시하며 죽음의 악령들이 그의 영혼을 지옥으로 데려가려 하는 순간 역시 하늘에서 천사들의 찬양소리가 들려오기 시작한다.
이때 악마 메피스토펠레스는 『어디서 불쾌한 소리가 들려온다!"」 하며 신경질적인 반응을 보이고 파우스트를 지옥을 끌고 가려던 악마들은 합창소리에 지옥으로 곤두박질쳐 떨어져 간다.

악마 머피스트 역시 괴로움에 몸부림치며 「내 머리, 심장이 터질 것만 같구나 지옥의 불보다 더 지독해! 내가 봐도 내 몸에 소름이 끼친다.」라고 민감하게 반응하고 비명을 지르며 괴로워한다. 작품 파우스트에서 찬양 한곡의 영향력은 절망의 위기에서 상상할 수 없는 변화와 기적의 기회로 역전된다.

그리스도인에게는 핵무기와 같은 신비롭고 놀라운 영적 무기가 있으니 그것이 곧 찬양이다. 찬양을 통하여 절망에서 상상할 수 없는 변화와 기적의 기회로 방향이 바뀌고 찬양을 통하여 스스로 벗을 수 없는 무거운 죄 짐에서 자유함을 얻게 되고 찬양을 통하여 절망에서 소망으로, 슬픔에서 기쁨으로, 두려움에서 담대함으로, 분노를 용서로, 의심과 회의에서 확신으로 변화하는 기폭제와 같은 놀라운 기적이 일어난다.

그러므로 성서에 「이 백성을 내가 나를 위하여 지었나니 곧 나의 찬양을 부르게 하려 함이라.」 (이사야 43장 21절) 하셨고 「이스라엘(택한 백성)의 찬송 중에 거하시는 주는 거룩하시나이다.」고 전심으로 찬양 할 때 하나님께서는 항상 거기 함께 계신다고 약속하셨다.

찬양은 그리스도인의 삶의 내용 중 기도와 함께 최고의 신령한 무기이며 은사이고 축복의 도구이다. 그리스도인은 그 일생이 다하도록 찬양의 연속이 되어야 한다.

찬양은 ①곡조 붙은 기도이며 ②곡조 붙은 신앙고백이며 ③곡조 붙은 신앙 간증이며 ④곡조 붙은 긍정적 언어이다. ⑤찬양이 퍼져나가는 곳에 백합화 향기기 퍼져나가듯 영롱하고 거룩한 영적향기가 파급되어 갈 것이다. ⑥찬양 부르는 사람은 물론이고 그 소리가 퍼져나가는 곳마다 사람은 물론 산천초목 대자연과 모든 피조물이 그 영향력을 느끼게 된다.

전기는 색깔도 없고 냄새도 없고 소리도 없고 모양도 없지만 그 영향력이 나타날 때 수많은 전자제품을 사용하는 것처럼 찬양의 파급효과는 놀라웁고 고귀하고 거룩한 보배로운 에너지가 있어서 변화와 축복이 임한다.

제사 때 향로에 향을 피우면 잡귀들이 범접하지 못한다고 한다. 그러나 정작 그 향냄새를 따라 모든 귀신들은 먹을 것이 생긴 줄 알고 기지개를 켜고 몰려오는 것이다. 그러나 그리스도인의 기도와 찬양의 향기는 염려와 근심, 미움과 분노, 슬픔과 두려움, 절망과 낙심 등 어두움의 존재들이 그 보배로운 향기에 못 견디어 모두 도망가고 만다.

한국 기독교가 선교 100년 동안 인류역사에서 그 유래를 찾아볼 수 없는 놀라운 부흥과 성장의 기적의 역사를 실현했음을 우리는 인지하고 있다. 2차 대전 이후 일제의 식민지에서 1945년 해방될 때 세계 최빈국상황에서 불과 5년 만에(1950년) 6.25 민족상잔의 전쟁의 초토화 상태에서 희망이나 꿈을 말하기가 사치스러운 상황에서 오늘의 놀라운 국력신장의 기적을 실현했다.

2011년 인구 5천만 명이 넘으면서 국민소득 2만 달러 이상인 국가는 미국, 영국, 프랑스, 독일, 이탈리아, 일본, 한국 7개국뿐이다. 우리나라가 그 7개 국가의 일원이 되었음은 놀라운 사건이다. 원자력 기술 세계 제5위. 조선(선박) 1위. 국방비 규모 8위. 군사력 6위(1위 미국, 2, 중국, 3, 러시아, 4, 프랑스, 5, 영국, 6, 한국). 자동차 6위(연간 350만 대). 인터넷 1위. 휴대폰, 반도체, LCD 모니터 1위. 특허 출원 6위. 철강생산 5위. 가전기술 2위. 고속전철 4위. 외환 보유고 4위. 교육열 1위. GDP(국내총생산 규모) 10위. 종합 국력 9위 국가가 되었다.

그밖에 의료보험제도, 전국 화장실문화 1위 등 세계가 부러워 벤치마킹하는 놀라운 기적을 셀 수 없을 정도로 많은 나라가 되었다. 이와 같은 놀라운 발전과 살기 좋은 부유한 나라가 된 그 중요한 정신적 배경은 기독교의 영향력 까닭이라는 것을 변명의 여지가 없다.

여기서 한국 기독교의 부흥 성장에서 간과해서는 안 될 중요한 것 중에 초교파적인 성경의 통일성, 특히 찬송가의 통일성이 좋은 배경이었다.

찬송은 개인의 삶과 세상을 변화시키는 놀라운 영적 무기이다. 찬양의 영향력을 통하여 개인의 신앙이 더욱 성숙해 지고 교회의 생명력이 극대화 되어야 할 것이다.

2. 한국교회 찬송가 문제 (2)

가톨릭에서 개신교로 교회를 옮기면 "개종(改宗)했다"라고 한다. 이는 기독교에서 이슬람이나 불교로 종교를 바꾸는 것과 같은 타 종교로 적을 옮겼다고 여기는 것이다.

개신교는 유일신이신 '하나님'으로 부르지만 가톨릭에서는 하늘에 계시다는 의미의 '하느님'으로 의미가 다르고 예수 그리스도에 대하여는 같이 믿고 있지만 물과 기름이 혼합되지 않음 같이 하나가 아니라는 뜻이다.

구체적으로 가톨릭과 개신교는 사용하는 성경이 다르다. 개신교에서 채택한 정경 66권 외에 가톨릭은 외경을 추가하고 있기 때문이다. 더욱 개신교의 찬송가와 가톨릭의 성가는 유사한 것도 있지만 확연히 다르게 제작된 책이다.

그러나 개신교단 사이에서는 성직자들끼리 강단 교류도 자유스럽고 성도들의 교회 이동도 자유롭다. 타 교단의 목사가 교파가 다른 교회라도 얼마든지 부흥회나 예배를 집전할 수 있고 여기에 성경도 같은 성경을 사용하고 찬송가 역시 똑같은 것을 사용해 오고 있다. 이와 같이 교파를 초월하여 동일한 성경과 동일한 찬송을 사용하는 것이 얼마나 바람직하고 소중한 것인지 모른다. 그러나 이와 같이 된 것이 처음부터 가능했던 것은 아니었다.

선교 100년 동안의 찬송가의 변천사를 살펴보면 1900년 이전에는 찬미가, 찬양가, 찬성시 등으로 여러 모양으로 사용되어 왔다고 전해진다.

새벽기도회를 시작한 한국교회 영성의 아버지로 여김받는 길선주목사님의 1907년 대 부흥운동에서 찬양을 통하여 강력한 회개운동이 일어났고 이때의 영성이 김익두목사로, 김익두목사의 부흥회에서 은혜 받은 주기철목사로, 주기철목사의 성경학교에서 학생신분이었던 손양원목사로 이어지는 영성의 물줄기기 지속되어 왔다고 전해진다. 이 시기는 일제에 의하여 국권이 말살되는 절망과 혼란의 시기로 하나님의 성령의 기름 부으심을 더욱 사모했고 그 열기가 찬양을 통하여 활력을 얻게 되었다. 교회의 성령운동과 부흥의 역사에는 언제나 뜨거운 찬양이 전제되어 왔다.
기록에 보면 1908년부터 '연합찬송가'가 발간되었고 24년간 초교파적으로 사용하던 '연합찬송가'를 1935년 장로교에서 신편찬송가를 발행, 두 개로 나뉘어 분리되어 교파간 불편을 야기하고 불화의 불씨를 남겨 놓았으니 연합예배시나 다른 교회 예배에 참석했을 때 혼란스럽고 불편했음이 틀림없을 것이다. 이때 "장로교와 감리교의 권익의 알력으로 상처와 불신만 남기고 교파간의 이권에 의하여 연합사업이 무너지는 안타까운 흔적을 남기게 되었다." 라는 기록이 있다.

그후 1949년 합동찬송가를 만들어 한국교회 사상 3개 교단의 통일된 찬송가를 발행하는 업적을 남겼고 이 찬송가는 여러 가지 결함이 발견되었지만 1967년까지 20판을 거듭하기까지 출판되어 오다가 1963년 장, 감, 성, 기장 4개 교단 기독교연합회에서 찬송가 개편을 착수하여 1967년 12월 개편찬송가를 출간하게 되어 기존 ①합동찬송가 ②새찬송가에 ③개편찬송가등 3개로 분열하는 결과를 초래하게 되었다.

1973년 여의도광장 빌리그래함 목사 부흥성회 때 ①합동찬송가 ②새찬송가 ③개편찬송가등 3개의 찬송가를 사용하고 있어서 혼란스러움과 불편을 경험하게 되어 이와 같은 한국교회의 연합과 일치를 이루는 성장과 부흥의 시기에 하나된 찬송가의 필요성을 절감하여 1974년 한국찬송가위원회와 한국찬송가합동추진위원회 공동으로 한국찬송가통일위원회를 구성하여 찬송가 통일작업을 시작하게 된 것으로 조회된다. 그 후 1981년 한국찬송가공회가 조직되었고 1988년에 558곡의 통일된 찬송가를 제작하여 2006년 21세기 찬송가에 이르기까지 사용되어 온 것이다. 이와 같이 초교파적으로 찬송가를 발간하여 사용하게 됨으로 한국교회의 연합과 개신교단의 부흥과 성장에 좋은 밑바탕이 되었음이 의심의 여지가 없다 하겠다.

그러므로 범 교단적인 찬송가 통일사역은 ①수많은 교파가 하나로 연합하게 되고. ②교파별 연합예배에서 혼란과 불편을 해소하고 일치할 수 있는 의미를 지니고 있다.

소교리 문답 첫째에서 『①사람이 존재하는 제일의 목적은 하나님을 영화롭게 하는 것과 영원토록 그를 즐거워(찬양)하는 것』이라 되어 있다. 사람은 날마다 하나님을 찬양하며 영광 돌리며 살도록 지음 받았다. 찬양 속에 놀라운 감격과 은총과 기름 부으심이 있고 찬양을 통하여 신앙의 활력을 불어넣고 영성을 새롭게 한다.

복음성가의 역할

찬송가에 수록된 곡들 외에 보급되어 확산되기 시작한 복음성가들은 1970년대부터 폭발적인 성령운동과 부흥운동의 기름 부으심의 바탕이 되어왔다. 교회내의 학생수련회, 청년부찬양예배, 문학의 밤 성경학교 등 행사에서 가스펠송은 타는 불에 기름을 붓는 것과 같이 놀라운 폭발력을 증폭시켜 왔고 이때 각 교회마다 각기 복음성가를 제작하기도 하고 '찬미예수 400', '찬미예수 1,000', '찬미예수 2,000' 등 초교파적으로 통용하는 가스펠 찬양집이 홍수처럼 발간되기 시작했다.

어느 시대에나 찬양은 놀라운 은총을 동반하지만 특히 1970년
대 이후 한국교회의 부흥운동과 성도들의 중생과 성령 충만은
가스펠 찬양이 바탕과도 같았다고 보아야 한다. 찬양을 통하여
구원의 확신과 죄 사함의 감격, 치유와 성령충만과 교회부흥의
기폭제가 되었음이 틀림없다.

그리스도인이 영적생활에서 활력을 얻고 승리하려면 그리스도
의 이름과 성령의 능력과 권세가 담겨 있는 찬양의 열기가 반
드시 필요한 것이다.

3. 한국교회 찬송가 문제 (3)

　지난 2012년 5월 21일 충남도청으로부터 법인설립이 취소된 찬송가공회(공동 이사장 이광선, 서정배 목사)에서 제기한 『법인취소 집행정지 가처분 소송』이 받아들여져서 찬송가 공회의 법인취소가 본안 판결 시까지 중지되게 되었다. 이 소송이 얼마나 지속될는지 그리고 그 결과가 어떻게 될지 예측할 수는 없다.

한국기독교 찬송가공회의 찬송가 제작문제가 소송으로 비화해 타 종교인 혹은 불신자 법관들에 의해 시시비비를 가리게 되었으니 이와 같은 웃지 못 할 사건들이 하나님의 영광을 먹칠하고 세상 불신자들의 지탄의 대상으로 추락하는 지경이 되었다. 지난해 "부러진 화살"이란 영화로 인하여 법관들의 횡포와 집단이기주의가 문제화 되었는데 이와 같은 기독교단의 분쟁과 소송이 추악하다고 여겨지는 법관들이 즐거워하는 이익추구의 먹잇감이 되지나 않을지, 이리치고 저리치고 소송을 지속하여 막대한 소송비용을 손해 보게 하지 않을까 하는 우려를 가지게 된다. 충남도청으로부터 법인설립이 취소된 직후 찬송가공회의 법인화를 반대하던 교단연합회에서 법인 취소를 환영한다고 성명서를 발표하고 새로운 찬송가를 발간하겠다고 하는 시도가 법원의 '가처분 소송 수용'으로 인하여 당분간 재판결과에 따라 중단 될 수밖에 없게 되었다. 그동안 새로 개편된 21세기 찬송가의 가사부분이 어색하고 거부감을 주는 내용이 있다고 문제제기를 했는데 이는 21세기 찬송가를 거부하고 새로운 찬송가를 만들려는 명분 쌓기용 트집이 아니냐는 의혹을 가질 수도 있다. 모든 것이 새롭게 바뀌면 처음에는 어색한 것이 틀림없기 때문이 아니겠는가.

이와 같은 의도가 『표준찬송가』 라는 이름으로 오는 9월 출시 될 것이라고 하는 소리가 들리기도 하는데 사실이 아니기를 바란다. 그런 의미에서 21세기 찬송가가 이미 많이 보급되었는데 또 다른 찬송가를 만든다는 것은 반대한다는 것이 필자의 견해임을 밝혀둔다.

개신교단의 찬송가 제작은 원래 초교파적으로 모든 교단에서 파송한 대표들에 의하여 모든 교단이 수용하는 연합회(공회)가 조직 되어야 하고 거기서 모든 교단이 수용하는 찬송가를 만들어야 한다. 그러나 문제의 발단은 찬송가 공회가 법인화 하는 것을 반대 했음에도 "신뢰성 회복" 또는 "투명한 경영"이란 구실로 반대를 무릅쓰고 법인화를 강행하면서 그들에 의하여 현재 21세기 찬송가를 발간하게 된 것이다. 이 법인은 교단의 구속력을 벗어난 별개의 법인이 되었다고 보이며 교단의 산하기관이 아닌 옥상옥(屋上屋)이 되어 그 법인의 이사들에 의하여 좌지우지하게 되는 문제가 발생하게 된 것이라 생각된다. 과연 "신뢰성 회복" 또는 "투명한 경영"을 구실로 내세우고 있지만 또 다른 의도가 숨겨져 있는 것은 아닌지 스스로 자성해 보아야 할 것이다.

찬송가를 제작하면 그 판매부수에 따라 막대한 이익을 올릴 수 있을 것이며 그 특권과 유혹에서 자유로울 수가 없었을 것이다. 그러므로 그동안 찬송가의 인쇄 제작비와 매년 판매 부수를 조사하여 과연 얼마나 이익을 남겼는지 명명백백하게 밝혀 내야 할 것이다. 왜냐하면 이와 같은 찬송가 공회가 법인 이사들의 사유화가 되어서는 안 되기 때문이다.

아무튼 한국교회 찬송가 제작시비가 더 이상 진흙탕 싸움으로 비화되지 않고 은혜롭게 조화를 이루기를 바랄뿐이다.

4. 한국기독교의 명암(明暗)

구름 한 점 없는 맑은 날에도 양지와 음지는 항상 공존한다. 사람의 일생 중 잘한 일도 있고 부끄러운 실수나 치부도 있는 것이다. 세상 모든 사람들의 숨겨진 내면을 투명하게 들여다본다면 쥐구멍에 들어가야 할 사람이 많을 것이다.

한국기독교가 선교된 지 100여년이 지나면서 우리나라 발전에 기여한 점이 얼마나 많은지 모른다. 반면 지금은 수많은 부정적이 문제점들이 드러나면서 기독교 안티들에게 비난받고 조롱받고 있는 실정이다. 여기서 우리 한국기독교의 명암(明暗)을 살펴보려 한다. 우리나라는 17세기 영조, 정조 시대 이후 200년간 쇠락한 정치제도와 파벌 당파싸움으로 국력이 약화되고 빈곤이 누적되었을 때 일제가 들어와 우리 땅에서 청일전쟁 러일전쟁을 하고 일제가 승리한 후 식민지가 되었다.

청일전쟁은 민비(명성황후)가 23년이나 실권을 잡고 정치하던 시기에 매관매직한 탐관오리들의 착취에 신음하던 민초들의 피 맺힌 저항인 동학혁명을, 청나라 군사를 불러들여 자기 백성들을 살육케 하다가 일본군과 충돌한 전쟁으로 민비의 패역에 의한 비극의 역사였다. 그 식민지에서 1945년 해방되어 불과 5년 만에 6.25 전쟁이 일어나 더 철저하게 가난해지고 기근과 굶주림의 보릿고개 시대가 지금의 북한처럼 초근목피로 연명하는 시대였다.

이와 같은 시대에 병 고침 받고 잘 살게 된다는 복음은 기쁜 소식이 틀림없었다. 그동안 한국교회는 특히 순복음교회에서 『네 영혼이 잘됨같이 네가 범사에 잘되고 강건하기를 원하노라.』는 성경말씀을 모토로 여기는 기류였다. 병 고침 받고 범사가 잘되기 위해서는 그 방법이 영혼이 잘 되어야 하는데 그러려면 예수를 믿어야 한다는 논리가 된다. 예수 믿는 이유가 병 고침 받고 세상에서 복 받고 잘살기 위해서 라는 개념으로 보이게 된다.

또한 한국교회는 남미국가처럼 서구 선교국가들이 점령군으로 식민지화 하면서 복음을 가져오지 않았다. 오히려 기독교가 복음과 함께 교육과 의료와 민족의 독립정신을 고취해 주었다. 이것이 한국에 기독교가 긍정적으로 정착하고 성장하게 된 이유 중에 하나였다. 그동안 한국교회는 예수님의 삶을 실천하고 천국을 사모하며 준비하기보다는 어떻게 하면 세상에서 더 잘살까, 더 성공할까 어떻게 하면 세상에서 오래 살고 높은 자리에 올라갈까 집착하고 있었다고 보인다.

교회가 맘몬이즘에 사로잡혀 복음의 본질과 예수님의 정신을 잃어버리고 재림과 휴거신앙도 도둑맞아 버렸다. 교회는 성장할수록 더 큰 예배당을 짓기에 열을 냈고 주위의 땅과 주택을 매입하여 주차장으로 만들고 부동산을 많이 소유하면 성공한줄 착각하는 듯 했다.

아들을 후임목사로 세우는 교회 중에 개척 설립한 목사가 성도들의 반대의사를 무시하고 강압적으로 후임으로 세운 교회가 있다면 이는 세습이 분명하다. 이런 경우는 반드시 비난 받고 개혁되어야 한다. 그러나 주권재민(主權在民), 국민의 뜻이 왕 같은 권위를 지닌 것이다. 공동체 회원들의 절대적 결의에 의한 민주적 결정을 세습이라고 부정해서는 안 된다.

지금 한국교회는 너무 풍족해졌다. 농어촌과 도시빈민지역 풀뿌리 개척교회 가난한 목회자들과 너무나 양극화 된 극히 일부 대형교회 목사들은 귀족이 되어 버렸다. 크고 호화로운 예배당, 기사 딸린 고급 승용차, 비서가 수발드는 호화로운 당회장실, 고급 호텔의 값 비싼 음식, 해외여행을 즐기면서 천국의 소망보다 이 세상이 너무 좋아 죽는 것이 아쉬운 지경이 된 목사들도 있을 것이다. 아직까지는 목 좋은 요지에 크고 좋은 예배당을 건축하고 대형주차장을 마련하기만 하면 사람들이 몰려들고 있다. 그러나 그런 현상이 얼마나 지속될는지는 예측하기 어렵다. 그렇게 모여든 성도들은 농어촌 교회에서 올라온 성도들이 대부분이다. 그러나 지금은 농어촌 교회와 도시 개척교회들이 사라지고, 어린이 청소년들도 감소하고 있다. 아이들은 인터넷 게임과 스마트폰 게임에 도취하여 예수님 말씀도 재미있는 성경동화도 찬양 율동도 흥미를 잃어가고 있다. 이것이 너무 급속도로 확산되고 있는 실정이다.

그러나 여기서 간과해서는 안 될 긍정적인 사실이 있다. 오른손이 하는 일을 왼 손이 모르게 드러내지 않고 그리스도의 사랑을 실천하는 교회나 목사가 많이 있다는 것도 간과해서는 안 된다.

기독교윤리실천운동(기윤실)에서 조사한 『2009 한국 교회의 사회적 섬김 보고서』에서 현재 종교별 사회복지재단을 통한 사회지원 현황을 보면 2009년 9월 기준 414개 복지관 중 개신교가 45%(188 곳) 천주교 12%(49 곳) 불교 원불교 합 15%(63 곳) 점유하고 있다고 했다. 또한 2008년 출간된 예영 커뮤니케이션 발행 『좋은 종교 좋은 사회』에서 한국 주요종교의 사회기여도를 통계별로 발표했는데 그 내용을 보면 △대북 인도적 지원 : 기독교 51.1% 천주교 1.7% 불교 1.2% △해외 인도적 지원 ; 기독교 64.9% 천주교 3.4% 불교 1.5% △헌혈자 ; 기독교 82.4% 천주교10.5% 불교, 원불교 합1.41% △장기기증자 ; 기독교 27.6% 천주교 6.3% 불교 5.7% 무종교 50.2% △수재의연금 ; 기독교 68.8% 천주교 0.5% 불교 15%

△대구 지하철화재 의연금 : 기독교 69.7% 천주교 7.1% 불교 12.7% 라고 발표했다. 기독교가 우리나라 사회기여도에 50% 이상 어떤 면에서는 80%를 담당하고 있다.

뿐만 아니라 해외선교는 또 어떤가. 2011년 한국세계선교협의회(KWMA) 통계에 따르면 『한국교회는 169개국에 23,331명의 개신교 선교사를 파송』했으며 이는 미국 다음으로 한국교회가 명실상부한 선교대국으로 자리매김했다고 해도 과언이 아니다.   이와 같이 탁월하게 선교의 사명과 빛과 소금의 사명을 감당하고 있는 양면성을 잘 알지 못하는 안티들이 일부 치부나 실수들을 침소봉대하여 전체인양 여기고 개신교단을 매도하고 있는 것이라 생각한다.

5. 하나님을 하나님 되게 하라

『한 사람이 두 주인을 섬기지 못할 것이니 너희가 하나님과 재물을 겸하여 섬기지 못하리라』(누가복음 16장 13절)라는 예수님의 말씀이 있다.

돈과 재물, 지위와 명예, 재능과 건강, 기회와 생명 등 모든 것이 하나님께서 우리가 이 세상에 살 동안 잠시 맡겨주신 것이라는 청지기관이 그리스도인의 가장 기본적인 상식이다.
그러나 그리스도인들 중에 이 상식을 망각하고 돈과 재물, 명예와 지위 등을 하나님보다 더 중요하게 여기고 하나님 자리에 올려놓고 있다면 그는 하나님을 하나님으로 인정하지 않는 것이다. 우리 중에 이 분명한 신앙자세를 잃어버리거나 내가 주인인줄 착각하여 삶의 내용 속에 하나님보다 재물에 대하여 더 집착해서는 안 된다. 그리스도인의 바른 신앙자세는 삶의 전체를 주께 위임하고 거기서 참 안식과 평안을 누리는 것이다.

한국교회 가운데 『맘몬이즘(Mormonism)』 이라는 우상에 사로 잡혀 심각한 중병을 앓고 있는 교회나 목회자들을 보는 경우가 있다. 그리스도인이 성공의 기준이 『대세와 물량』으로 착각한 다면, 만일 그렇다면 『이슬람교』가 빠른 속도로 세력을 확장 하고 세계를 지배하는 영향력을 가진다 해도 이슬람이 진리이 거나 정의가 아닌 것과 같다.

혹시 그리스도인들 중에 어느 쪽이 더 판세가 유리하고 숫자가 많으냐에 따라 카멜레온처럼 옳고 그름보다 상황과 유 불리를 더 중요하게 여긴다면 그는 그리스도인이 아니고 기회주의자로 볼 수밖에 없다. 거대한 빌딩, 넓은 땅, 수천억 원의 돈을 가 진 자가 정의이고 성공이라고 따라간다면 그는 맘몬의 신을 숭 배하는 것이며 하나님이 좌정하실 자리는 없는 것이다.

하나님을 자기가 필요로 할 때, 무엇을 요구 할 때만 그때만 와서 요구하는 것에 사인만 해 주는 분으로 여긴다면 그는 자 기가 하나님인 것이며 그가 비록 귀신을 아내고 많은 권능을 행하고 세상을 지배하는 영향력이 있다 해도 그는 불법을 행하 는 자로 심판 날 주님이 『불법을 행하는 자여 내게서 떠나가라 나는 너를 모른다.』라고 외면하실 것이다.
사울 왕은 하나님의 주권을 인정하지 않고 자기 기득권과 왕권 을 자기의 것으로 알고 지키려 했기 때문에 버림받은 것이다. 그는 자기 목적에 하나님을 이용하려 했고 하나님 앞에 내 지 위와 의지를 내려놓는 겸손한 자세가 없었고 그에게는 하나님이 하나님이 아니라 자기가 하나님이었다.

우리가 지금 누리고 있는 지위와 명예, 그리고 손에 붙들고 있는 그 어떤 소유라도 그 분 앞에 다 내려놓고 그분의 뜻을 수용하겠다는 빈 마음과 자세가 없다면 그에게는 하나님이 들어오실 자리가 없는 것이다. 사람은 생각하는 대로 그 사람이며 말하는 대로 현실화된다는 것이 4차원이라고 주장한다. 그러나 그 생각과 언어가 어디에서 연유하였는지가 분명히 구분되어야 하며 내 목적, 내 의지, 내 욕망으로 말미암은 것이라면 혼의 생각으로 하나님과 원수가 되는 것이다.
만일 내 생각 내 언어가 성령의 뜻에 굴복하지 아니하고 혼(魂)의 욕심에 의한 것이라면 강단에서는 성령의 뜻을 주장이지만 내려와서는 자기의 의지와 욕심대로 고집하고 있다면, 그리고 소유하고 있는 세속적인 것들을 그분 앞에 내려놓지 못한다면 성령을 거역하는 것이며 주님이 외면하실 것이다.

『하나님의 말씀은 좌우에 날선 어떤 검보다도 예리하여 영과 혼을 찔러 쪼개기까지 한다.』했는데 과연 우리 속에서 영(靈)의 생각과 혼(魂)의 욕심을 분리해 내는 영적 분별력을 가져야 한다. 우리는 십자가 앞에 엎드려 성령의 감동을 구하고 그 분의 뜻을 읽어내는 영성이 있어야 한다.
예수께서 당나귀를 타시고 예루살렘으로 입성하실 때 수많은 군중들이 『호산나! 다윗의 자손이여!』라고 종려가지를 흔들며 환영하고 있었다. 이때 당나귀가 『나는 보통 당나귀가 아니구

나. 내가 왕이구나!」라고 우쭐하고 교만해 졌다면 이는 심각한 착각이다.

우리는 이 착각에서 깨어나서 당나귀로 돌아가야 한다. 혹시 우리 중에 예수님 덕분에 높아지고, 존귀케 된 줄 잊어버리고 자기 스스로 하나님인 척 행세하는 분이 있다면 이제라도 정신을 차리고 겸손해 져야 할 것이다.

「당신의 삶 속에서 하나님을 하나님 되게 하라. 스스로가 하나님인 척 하는 광대 짓을 집어치우라.」그렇지 않으면 그날에 「내가 너를 도무지 알지 못하노라. 불법을 행하는 자여 내게서 떠나가라.」는 바깥 어두운데 떨어지는 끔찍한 심판에 들어가게 될 것을 명심해야 한다.

6. 믿는 것과 행하는 것

 영국작가 스티븐슨의 소설『지킬 박사와 하이드』는 인간의
이중성을 다룬 대표적인 작품으로 꼽힌다.
낮에는 선량하고 도덕적이며 모든 이들의 존경을 받는 지킬 박
사가 밤이 되면 인간의 짓이라고는 상상하기 힘든 끔찍한 폭력
적인 살인자로 돌변한다. 작가는 이 소설에서 모든 인간에게
내재된 이중성과 선과 악의 양면성을 표현하려 했다.

바울사도께서도 선을 행하기를 원하는 자신에게 악이 함께 공
존하고 있음을 탄식한다.『내 속사람은 하나님의 법을 즐거워
하되 내 지체 속에서 또 다른 법이 일어나서 나를 죄의 법 아
래로 사로잡아가는 것을 보는도다 슬프도다! 누가 이 사망에서
나를 구원하리오!』하며 비명을 지른다.

그리고『우리 주 예수그리스도로 말미암아 이김을 주시는 주님

을』(로마서 7장 23- 25)찬양하고 있다. 이미 타락했던 인생들은 중생(重生)하고 거듭났어도 아직 몸(육체)에 머물러 있는 동안은 죄의 소원이 끊임없이 거듭 살아나는 것이다. 모기를 잡아도잡아도 시궁창웅덩이에서 끊임없이 모기가 생산되는 것 같이 인간의 내면에는 쉬지 않고 죄의 소욕이 일어나 두 인격이 충돌하는 것을 아직도 눈치 채지 못하였다면 아직 성숙하지 못한 그리스도인인 것이다.

돈과 재물에 대한 지나친 집착과 절대적 우선순위를 두고 하나님 앞에서도 내려놓지 못하는 소유욕은 우상숭배인 것이다.
『구멍가게 유리 창 안에 사탕이 담긴 유리 상자를 들여다보는 거지아이에게 지나가던 신사가 한 봉지를 사 주었다. 눈이 왕방울처럼 놀라 사탕 한 알을 우물거리는 아이에게 "아이야 나 하나만 주렴!" "안 돼! 내 꺼야!" 하며 봉지를 움켜쥔다.』

최희준씨의 『인생은 나그네 길 구름이 흘러가듯 떠돌다 가는 곳에 정 일랑 두지 말자 미련일랑 두지 말자 빈손으로 왔다가 빈손으로 가는 것~』 노래가 시사하는 바가 크다. 본래 제 것도 아니면서 『내 꺼!』 라고 움켜쥐는 그리스도인은 없는지. 지금 내가 소유하고 있는 사탕봉지는 어떻게 내게 주어졌는지 탐심을 내려놓고 겸손히 생각해 보자. 더 많이 가지려는 어리석음은 없는지 한번 살펴보자.

사도요한은 계시록에서 『우상숭배자, 모든 거짓말하는 자는 불

과 유황으로 타는 못에 참예하는 둘째사망에 들어가게」 된다고
했는데 손에 들고 있는 사탕봉지를 집착하고, 하나님 앞에 내
려놓지 못 하는 탐심의 우상 숭배자는 누구라도 불과 유황으로
타는 못에 들어가게 됨을 명심해야 한다.

재물은 육체에 내가 머물고 있는 동안에 소용되는 것이지 육의
옷을 벗고 난 후에는 전혀 쓸데없는 쓰레기라는 것을 잊지 말
아야 한다. 옷을 벗기 전, 아직 기회가 내게 있을 때, 영혼을
위하여 선을 행하는 사역과 친구를 사귀는 사역에 허비해 버려
야 하는 것이다. 이보다 더 지혜로운 물질관은 전혀 없음을 명
심하자.

누구든지 참 그리스도인이 되었다면 그 후부터 「나」 를 내려놓
고 예수가 내 주인이 되어야 하는 것이다. 우리는 「그때 거듭
날 때」 본래의 나 자신은 죽었고 그 분과 함께 다시 살리심을
받은 순간이 있었음을 기억하고 있다.

그때부터 우리는 「육신의 생각은 사망이요 영의 생각은 생명과
평안」 임을 한시라도 놓치면 안 된다. 긴장하고 또 긴장하고
확인하고 재확인하며, 자신에게 적용하며 자신을 다스려야 하
는 것이다. 항상 시시때때로, 분마다 초마다, 그 분의 인도하
심과 감동하심을 따라 생각과 말과 행동을 선택하지 않으면 정
상적 그리스도인의 정로에서 벗어나 그리스도의 생명에서 분리
될 수밖에 없는 것임을 명심해야 한다. 참 그리스도인은 언제

나 성령의 감동에 따라 순복해야 하는 것이며 그분의 의지와 감동을 무시하고 거역하면 그는 그 때부터 생명을 잃고 마는 것이다. 건강한 그리스도인은 믿는 것과 행하는 것이 일치해야 한다.

그리스도의 교훈과 믿는 자의 삶의 내용이 하나가 되지 않으면 그는 「스스로 속는 것이며」 하나님은 그에게 속지 않으시고 「네가 심은 대로 썩을 것을 거두리라」고 하시는 것이다. 우리시대에 믿는 것과 행하는 것이 일치하는 분이 어디 계신가. 사방을 둘러보다가 눈에 띄는 사람이 없음이 이 시대의 비극이며 나를 슬프게 한다.

교회는 시련과 박해 속에서 그 생명력을 확장하고 복음의 영향력이 증폭되어 왔다. 유럽의 역사 저변에는 그리스도 복음의 영향력이 맥맥이 흐르고 있음을 확연히 알 수 있다.

복음의 영향력이 미치는 곳에 인간다운 삶의 모습과 인권이 보장되고 생명의 가치, 특히 인간 영혼의 존엄성을 확인하게 되었다. 그리스도인이 그리스도인다울 때 세상의 빛과 소금으로 착한 행실을 세상 사람에게 비춰게 되는 것이다.
그러나 교회가 제도권 안에 정착하고 사회적 지위를 얻고 난 후부터 급속히 타락하기 시작했다. 교회가 권력화 되고 물질과 명예와 세속에 맛을 들인 교회가 교회답지 못하고 세상의 지탄과 질시의 대상이 될 때 하나님은 근심하신다.

그리고 불법과 거짓과 탐욕의 노예로 전락할 때 이단의 잡초가 번성하는 토양이 되고 교회는 그 가치를 상실하고 표류하게 되며 하나님의 슬픔이 진노로 바뀌어 징계의 채찍을 드시게 되는 것이다.

한국교회의 50년 후, 아니 10년 후의 미래상을 긍정적으로 바라보려면 이제 우리 모두가 정상적 그리스도인의 모습을 회복해야 한다. 마음속에 잔존하고 있는 탐심의 무거운 짐을 십자가 앞에 내려놓고 믿는 것과 행하는 것이 일치하는 그리스도의 형상을 닮아가는 삶이 되어야 한다.

7. 복음의 몰이해와 그 결과

1. 비운의 황태후 알렉산드라

러시아의 마지막 황제 리콜라이 2세의 황태후 알렉산드라는 당시 세계를 지배하던 대영제국 빅토리아여왕의 차녀와 독일 휘센의 루트비히 4세 사이에서 태어났다. 그의 모친이 35세에 죽어 조실부모하니 6세부터 외할머니의 극진한 사랑을 받으며 성장했다. 빅토리아여왕은 항상 기도하며 성경을 읽는 독실한 신앙인이었으니 그녀도 외조모의 독실한 신앙을 본받으며 성장했을 것이다.

둘째 언니의 결혼식에서 만난 러시아의 황태자 리콜라이 2세와 혼인하면서 러시아 로마노프 왕가의 황태후가 되었고 4명의 딸을 낳았으나 황태자를 낳기를 간절히 기도하면서 알렉세이 황태자를 낳았다. 그러나 기쁨도 잠깐 알렉세이는 외조모 빅토리아여왕으로 부터 유전된 혈우병으로 백약이 무효하여 슬픔과 절망에 잠겨 있을 때 당시 신비한 치료능력을 행하는 탁월한 예언가라고 행세하던 라스프틴이라는 괴승을 만나면서 비극이 시작된다. 라스프틴의 최면술과 독심술 주술적 행위 등으로 황태자의 병세가 호전되니 그를 신격화 할 정도로 신뢰하게 되었고 황후는 그의 영향력과 가르침으로 빠져들게 되었다.

2. 러시아를 멸망으로 몰고 간 이단교주 라스프틴

'라스프틴' 이란 러시아어로 방탕자란 뜻으로 그를 상징하는 별명이다. 그는 1869년 1월 22일 술과 도박에 중독된 시베리아의 한 농부의 아들로 태어나 절도, 사기 등 어려서부터 나이 고하를 가리지 않고 마을 여자들을 섭렵하는 소문난 바람둥이로 성장했고 18세 때 길에서 수도승을 만나 고행을 내세운 홀리스트 종파의 수도원에 들어가게 되지만, 오랫동안 성적 쾌락을 추구하다가 성적소진(性的消盡)을 느낄 때 신의 경지에 도달한다는 "신성한 냉정함" 이라는 교리를 스스로 만든다. 이는 최근의 통일교 교리나 JMS 이단들의 교주와 유사하다고 볼 수 있다.

그는 그의 교리를 따른 성도착증(性倒錯症)으로 수많은 여자들과 관계를 가지면서 그리스 예루살렘 등을 떠돌며 예언자 행세를 하며 34세인 1903년 상 페트로그라드로 돌아와 비범한 예언과 치료능력을 지녔다는 소문을 퍼트린다. 이때 1905년 니콜라이 2세 황제의 5살 된 어린 황태자 알렉세이가 불치의 혈우병으로 절망적 상황에서 그의 소문을 듣고 알렉산드라 황태후가 그를 초대하여 최면술과 주술적인 그의 능력으로 치료하게 된 것이다.

3. 로마노프 왕조의 종말과 마지막 황실 가족의 최후

이때 황제는 세계 제 1차 대전으로 군대를 지휘하여 전선으로 떠나면서 국정을 황후에게 맡기니 라스푸틴에 의하여 각료선출 성직자임명 등 막강한 영향력을 행사했고 밤마다 화려한 파티를 열어 귀족들을 초대하여 자신과 성관계를 맺으면 신의 경지에 가까이 갈 수 있다는 교리를 은밀히 내세워 유부녀들을 농락했고 당시 수많은 귀족부인들은 그와 관계를 맺기를 소원했다고 하며 당시 러시아 사회에 소문이 확산되고 화제가 되었다고 한다.

알렉산드라 황후까지 그의 성적 대상이 되어 어느 날 깊은 밤 황후가 그의 숙소로 은밀히 들어가는 것은 목격한 황제의 조카사위 유스포프와 드미트리 등 귀족들이 러시아 볼세비키 혁명이 일어나기 불과 3개월 전 1916년 12. 29일 그를 파티에 초대하여 암살하니 이런 추문이 온 나라에 퍼지면서 황실을 신성시하던 국민들은 황실을 존경과 복종의 대상이 아니라 경멸과 증오의 대상으로 분노하게 되어 볼세비키 혁명에 기름을 붓게 된 것이다. 러시아 멸망이 레닌의 붉은 혁명으로 인한 것으로 알고 있으나 그러나 결정적인 원인은 라스프틴이라는 요사한 승려 까닭이라는 것을 바로 인지해야 한다. 불과 수주일 후부터 왕조는 멸망하기 시작했고 1918년 예카테린부르크의 이파디에프 하우스 지하실에서 황후를 비롯한 황제가족 모두 무참히 총살당하여 300년 왕조는 비참하게 종말을 고하게 된 것이다.

4. 만일 알렉산드라황태후가 복음을 바로 이해했더라면

대영제국의 빅토리아여왕의 외손녀라는 화려한 배경과 신앙심을 물려받고 출생하여 러시아 황후까지 된 그녀가 자녀들과 함께 이토록 비참하게 생을 마치게 된 것을 역사를 통하여 살펴보면서 우리의 신앙을 다시 한 번 새롭게 점검하는 기회가 되었으면 좋겠다.

여기서 성경적 복음의 핵심을 올바로 분별하는 영적 분별력이 얼마나 소중한지를 인지하게 된다. 만일 알렉산드라황후가 성경에 통달하고 성령의 은혜를 힘입어 복음의 본질을 바로 이해하는 분별력을 가졌더라면 신통력을 행한다는 떠돌이 괴승 라스프틴에게 그토록 철저하게 유린당하지 않았을 것이다.

이와 같은 「그리스도 복음의 진리를 벗어난 유사한 교리에 대하여 명확히 분별하려면 ①성경의 핵심을 인지해야 하고 ②오염되지 않은 양심에 영성으로 충만한 성령의 감동으로만 가능한 것이다. 악취와 향기를 분별하는 것처럼, 찬바람과 더운 바람을 느낌으로 아는 것처럼 누가 가르쳐 주지 않아도 스스로 감지 할 수 있는 방법은 성령의 영분별의 은사를 통하여 가능한 것이다.」

지금 한국교회 내에서 교파와 교리에 얽매이거나 구속되지 않는 과연 성경의 예리한 핵심을 정확히 수용하고 가르치는 교회가 어디인지를 분별해야 한다.

8. 음주문화 이대로 두고 볼 것인가

  미국 FDA(식품의약품안전국)에서는 미국에서 판매되는 담뱃갑에 경고 글귀만이 아니라 흡연의 유해성을 보여주는 9가지 사진 중 하나를 싣도록 법제화했다. 이 사진들은 흡연으로 검게 병든 폐, 연기를 뿜어내는 구멍 난 목, 폐암에 걸려 사경을 헤매는 모습, 죽음을 연상시키는 섬뜩한 사진들을 담뱃갑 앞뒤에 절반이나 인쇄해야 하며 금연 핫라인 전화번호까지 명기하도록 되어 있다.

  또한 CDC(미 질병통제예방센터)에서는 CNN, 뉴욕타임지 등 모든 TV 신문 등 언론매체에 흡연으로 인한 후두암으로 발성기관을 절제한 50대 여성, 흡연 때문에 혈관질병으로 두 다리를 잃은 30대 남성 등 끔찍한 결과를 생생하게 보여주는 동영상 광고를 국가 예산으로 방송하여 흡연으로 인한 참혹한 재앙을 경고하고 있다.

흡연으로 인한 피해는 미국이나 우리나라나 차별이 있을 리 없다. 우리나라에서도 청소년들에게는 담배를 판매하지 못하도록 되어 있으며 담뱃갑 표지에 "지나친 흡연을 당신의 건강을 해칩니다"란 문구를 인쇄하도록 되어 있다. 이와 같이 흡연으로 인한 폐해를 알리는 홍보는 국민건강 뿐만 아니라 건강보험공단의 재정적자가 매년 누적되는 상황에서 국가경제를 위하여도 꼭 필요한 것이라 할 수 있다.

그러나 오늘의 주제는 담배의 폐해가 아니라 술에 대한 것이다. 술로 인한 피해가 담배보다 결코 못하다고 보지 않는다. 아니 훨씬 더 심각하다. 과도한 음주로 인하여 발생하는 질병이 얼마나 다양한지, 그리고 국가 경쟁력을 약화시키고 건강보험 재정이 얼마나 큰 손실을 주는지 간과해서는 안 된다.

인류 역사가운데 술로 인하여 파멸을 당한 경우를 얼마든지 찾아 볼 수 있다. 알렉산더 대왕은 젊은 나이에 세계를 정복하였지만 어려서부터 알코올 중독증세가 있었으며 결국 과도한 폭주와 음주로 33세의 젊은 나이에 사망하여 파멸해 버리고 말았다. 그는 술을 많이 마신 사람에게 상을 주는 음주대회를 열기도 했는데 그 대회에 참가한 사람들 중 지나치게 폭주를 하여 30명이나 목숨을 잃은 적도 있었다. 최근 전국 대학생을 대상으로 음주실태를 조사한 결과 93.5%(성인 63.1%)가 술을 마시고 있는 것으로 나타났고, 친구와 선후배가 음주에 가장 많은 영향을 끼치고 있는 것으로 밝혀졌다. 특히 신입생 환영회 때 MT를 가서는 후배 길들이기 또는 축하식을 한다고 강압적으로 폭주를 마시게 하고 구두에 소주를 부어 마시게 하기도 하고 희한한 방법을 다 동원하여 술을 마신다고 한다 언젠가는 지나치게 취하여 연못에 빠져 죽은 사고도 있었다.

뿐만 아니다. 방송 TV 등에서 음주문화를 권장하고 음주를 홍보하는 술 광고가 얼마나 다양한지 모른다. 산소 소주, 솔향기 소주, 대나무 죽순소주 등 술과 산소, 솔향기, 또는 죽순과 술을 연상하여 좋은 이미지를 부각하려 이미지 효과를 노리고 술에 거부감이 가까이 하도록 방송을 통하여 음주를 미화하고 권장하고 있다.

TV 드라마에서는 또 어떤가. 얼마나 술 마시는 장면이 많이 나오는지 모른다. 기분 나쁘면 마시고 친구 만나면 소주잔을 기울이고 가족 간, 부모 자식 간, 부부간에도 여과 없이 술 마시는 장면이 아주 자연스럽게 방송하고 있다. 스트레스를 받거나 어려운 문제를 만나거나 기분 좋은 일이 있거나 반가운 사람을 만나든지 하면 술 마시는 것이 필수인 것처럼 방송되기도 한다.

또한 모든 술병에는 반드시 "과도한 음주는 건강을 해칩니다"라고 인쇄해야 하나, 너무 작은 글씨로 잘 보이지도 않는 경우도 있고 최근 어느 주류회사는 그나마 그런 문구도 인쇄하지 않은 것을 발견한 적이 있었다. 도대체 이를 감독하는 주무관

청이 어디인지 모르겠다.

주류회사는 판매고를 많이 올리려면 술을 미화해야 하고 음주하는 모습을 수단 방법을 동원하여 좋은 이미지로 광고도 많이 해야 할 것이다. 그리고 신문이나 TV, 방송에서 술에 대한 폐해에 대하여 보도하는 것을 좋아하지 않을 것이다.
아마 방송국이나 또는 드라마 작가, PD 등에게 술 마시는 장면을 되도록 많이 나오도록 로비하는 것이 아닌가 하는 생각이 들기도 한다. 이와 같은 음주로 인한 폐해는 국가적으로 얼마나 심각한지 국민 스스로 경각심을 가져야 할 뿐만 아니라 정부 당국과 보건복지부 등에서는 음주의 폐해에 대하여 국민에 경각심을 주도록 광고하고 미국처럼 정책을 개발해야 할 것이다.

담배의 폐해를 국가적으로 홍보하여 국민건강을 보호하는 것 같이, 음주에 대하여도 적극 홍보하고 국민 건강을 지키는 역할을 해야 할 것이다

제 6 편

그리스도인의 소망

1. 생명을 계수하는 지혜

모든 사람들은 언젠가 자신의 생명의 기한이 차면 앞서거니 뒤서거니 세상을 떠날 때가 온다. 사람이 한번 죽는 것은 정한 것이요 그 후에 심판이 있으리니 죽음을 거부할 자가 없고 또한 죽음 후에 심판을 피할 자도 아무도 없다. 누구든지 임박한 자신의 죽음과 죽은 후의 심판을 준비하지 못한다면 이보다 더 어리석고 안타까운 일은 없다. 그러므로 성서에 『초상집에 가는 것이 잔칫집에 가는 것보다 나으니 모든 사람의 끝이 이와 같이 됨이라 산 자는 이것을 그 마음에 둘지어다.』(전도서 7장 2절)라고 한 것이다.

유대 마온 지방 갈멜 땅에 나발이란 부자가 있었는데 그는 양이 삼천이요 염소가 천 마리요 품꾼들도 많이 있었다. 어느 날 그의 목장에서 양털을 깎는 날이 되었다. 양을 치는 자가 털을 깎는 날은 많은 음식과 음료를 먹고 나누며 잔치하는 날이었다. 이때 사울왕에게 쫓기며 600여명의 부하들과 함께 광야에서 주리며 고생하던 다윗이 이 소식을 듣고 소년 10명을 보내어 평안을 빌어 문안하고 양식이 있으면 조금 나누어 주기를 정중히 구하게 했다. 그동안 나발의 양떼들이 들짐승이나 도둑에게 피해를 입을 때마다 다윗의 군사들은 여러 차례 지켜 준 인연이 있었기에 먹을 것을 조금이라도 나누어 줄 것으로 기대했던 것이다. 그러나 나발은 『다윗이 누구냐. 최근 주인(사울왕)집에서 도망쳐 나온 종이 있다고 하는데 어디서 왔는지 모르는 근본 없는 자에게 내가 어찌 떡과 물을 주겠느냐.』 하고 안면 몰수하여 쫓아버리고 말았다. 이 소식을 듣고 분노한 다윗은 『오늘 나발의 집에 한사람도 남겨두지 않으리라. 그가 악으로 나의 선을 갚는도다.』 하며 400명의 부하들과 함께 칼을 들고 갈 때 나발의 지혜로운 아내 아비가일이 이 소식을 듣고 급히 나귀에 떡과 포도주와 과일 등 양식을 싣고 와 다윗을 진정시켜 살인을 면케 한 사건이 있었다.

이때 나발은 왕의 잔치같이 먹고 마시며 크게 취하고 즐거워하였으나 불과 열흘 후에 사망하고 말았다. 자신에게 남아있는 시간이 불과 열흘뿐임을 알았더라면 그리고 다윗이 장차 왕이 될 것을 알았더라면 그가 어떻게 생각하고 행동했을까가 궁금하다.

42년간 무소불위의 권력을 휘두르며 아프리카의 왕 중 왕이라고 하늘 높은 줄 모르던 리비아의 카다피도 2011. 1월 튜니지에서 쟈스민 혁명이 일어날 때 자기의 남은 생명이 장차 8개월뿐이라는 것을 알았더라면 어쩌면 삶의 태도가 조금이라도 변하지 않았을까 생각된다.

북한의 김정일도 그렇게 비명횡사(非命橫死)할 줄을 누가 알았겠는가. 그가 살던 집(금수산 주석궁)은 평양시내의 100만평(350만 평방미터)의 대지에 1만평(34,900 평방미터)의 궁전이란다. 과연 우리 중에 누가 100만평의 대지에 1만평의 집에 사는 사람이 있겠는가. 그리고 스위스 비밀계좌에 숨겨둔 45억 달러의 돈은 죽을 때 과연 그에게 무슨 소용이 있었겠는가. 어디 그뿐인가 북한당국이 〈친애하는 지도자 동지의 만수무강사업은 전체 당원과 당 위원회의 신성한 의무〉라는 제목의 책자의 기준으로 전국의 예쁜 소녀들만 기쁨조를 물색, 선발, 훈련하여 공연조(노래와 춤), 행복조(안마, 마사지, 지압), 만족조(성적 봉사)등 경치 좋은 21곳의 별장마다에 두고 음탕한 쾌락과 환락 속에 살면서 죽는다는 것이 얼마나 아쉽고 안타까웠을까. 그리고 그렇게 허망하게 죽을 줄 몰랐을 것이다.

청나라의 서태후는 수렴청정으로 48년간 중국 대륙을 지배하고도 1908년 10월 13일 73세 생일잔치 7일째 되는 날, 자신의 애인 영록장군의 딸과 광서황제의 아우 순친왕 사이에서 태여 난 3살 푸이(賻儀)를 후계자로 세우고 또 다시 수렴청정을 지속하려다가 15일 만에(11월 5일) 죽었다. 남은 시간이 15일뿐이라는 것을 미처 몰랐던 것이다. 실로『인생은 풀과 같고 그 영광은 풀의 꽃과 같으니 풀은 마르고 꽃은 떨어지되 오직 주의 말씀은 세세토록 있도다.」는 말씀을 알았다면 좋았을 뻔했다.

모세는 「누가 주의 노(怒)를 알며 누가 주의 진노(震怒)의 두려움을 알리이까 우리에게 우리 날 계수함을 가르치사 지혜로운 마음을 얻게 하소서」 (시편 90장 11) 라고 기도했다. 「존귀에 처하나 깨달음이 없는 백성은 멸망하는 짐승」과 같으니 남은 생명을 계수하는 지혜를 가져야 한다.

매일 아침 눈을 뜰 때마다 정신을 번쩍 차리고 생명을 계수하자. 자신의 생명이 얼마나 될까를 최소한 한 주일에 한 번씩은 손에 든 것을 내려놓고 발길을 멈추고 하늘을 우러러 계수하는 지혜를 가져야 한다. 죽음과 심판을 준비하지 못한다면 이보다 더 어리석고 안타까운 일이 없기 때문이다. 과연 나는 이 세상에 더 집착하고 있는가. 이 세상에 소유하고 있는 것들을 천국으로 옮겨 놓고 영원을 준비하고 있는가.

2. 장성한 사람, 성화된 신앙

사도바울이 기록한 고린도전서 13장을 요약하면 『내가 어렸을 때에는 말하는 것과 깨닫는 것과 생각하는 것이 어린아이와 같다가 장성한 사람이 되어서는 어린아이의 일을 버렸노라.』 『지금은 거울을 보는 것같이 희미하나 그날에는 얼굴과 얼굴을 마주 볼 것이요 주께서 나를 아신 것같이 내가 온전히 알게 되리라』(11절- 13절)고 했다.

이에 앞서 『다 사도겠느냐 다 선지자겠느냐 다 병 고치는 은사를 가진 자겠느냐 너희는 이보다 더욱 큰 은사를 사모하라 가장 좋은 길을 보이리라.』 『내가 사람의 방언과 천사의 말을 할지라도 사랑이 없으면 소리 나는 꽹가리와 같고, 예언하는 능이 있고 모든 지식과 비밀을 알고 산을 옮길만한 믿음이 있을지라도, 그리고 내게 있는 모든 것으로 남을 구제하고 내 몸을 불사르게 내어 줄지라도 사랑이 없으면 아무 유익이 없다고」(고전 12장 29- 13장 3절) 사랑의 은사를 강조하고 있다.

어린아이를 벗어버린 장성한 사람, 성숙한 신앙이란 사랑의 은사를 지칭한다. 그러면 사랑의 의미는 무엇인가. 『사랑은 오래 참고 온유하고 시기하거나 자랑하거나 교만하거나 무례하지 않고 자기 유익을 구하거나 성내거나 악한 것을 생각지 않고 진리를 기뻐하고 무엇이든지 참으며(어떠한 경우에도 인내하며) 무엇에든지 믿으며(어떠한 경우에도 믿음) 무엇에든지 바라며 무엇에든지 견디는 어떠한 경우에도 소망을 포기하지 않고 인내하는 것,』(4절-7절) 그리스도의 인격과 성품으로 닮아가는 것이다.

정금은 그 순수함을 영원히 변치 않고, 시냇가에 나무는 가뭄에도 시들지 않음같이 인격과 성품이 주를 닮은 것이 성숙한 신앙이 되는 것이다. 어렸을 때는 딱지치기, 구슬 따먹기가 성공인줄 알고 좋아했는데, 지금은 지위나 권세, 돈이나 땅과 빌딩을 성공이라고 좋아하지는 않는지, 맘몬의 귀신을 숭배하고 있지는 않는지 스스로를 진단해 보이야 한다.

부모가 친자확인을 했더니 다른 유전자가 나왔다면 그는 자기 자식이 아닌 것처럼 심판날 『내가 너를 도무지 알지 못하니 불법을 행하는 자여 내게서 떠나가라.』 하신다면 이런 비극이 어디 있겠는가. 과연 지금 우리를 예수님과 겹쳐 놓는다면 얼마나 그분과 닮았을까. 우리는 얼마나 눈멀고 가련하고 곤고하고 벌거벗고 초라한 모습인가를 발견해야 한다. 날마다 착각에서 깨어나 영의 눈을 떠야 한다. 장성한 신앙인이 되려면 새로운 두 가지 율법을 적용해야 한다.

첫째. 십자가의 법이다. 예수를 영접하고 구원받기는 쉽지만 그 구원을 성취하고 거룩함으로 성숙하는 길은 결코 쉽지 않다. 『내가 예수 죽인 것을 항상 몸에 짊어짐은 예수의 생명이 나타나게 함이라.』 (고후4장 10절) 『나는 날마다 죽노라』 라는 바울의 비명이 가슴에 와 닿아야 비로소 시작되는 것이다.

예수께서 거듭 강조하시기를 『아무든지 나를 따라오려거든 자기를 부인하고 자기 십자가를 지고 나를 좇는 것』 이 필연적으로 통과해야 하는 단계라 여러차례 강조하셨다. 그리스도인이 성숙한 신앙이 되기 위하여 짊어져야 하는 십자가는 벌거벗고 손과 발에 못 박혀 수치와 고통을 당하고 죽어야 하는 형틀이다.

내면에서 끊임없이 거듭 살아 일어나는 육신적인 자아(自我)와 정욕을 날마다 십자가에 못 박는 자기부인이 십자가를 지는 것이다. 이때 비로소 예수의 생명이 흘러나오게 되는 것이며 이 과정을 통과하지 아니하면 누구라도 제자가 될 수 없다. 이 거룩한 예수의 생명이 흘러나오게 하는 새로운 십자가의 법에 자신을 적용해야 한다.
『무릇 내게 오는 자는 자기 부모나 형제나 자매와 자기 목숨까지 미워하지 아니하면 나의 제자가 되지 못하고 자기 십자가를 지고 좇지 않는 자도 제자가 되지 못하고」(눅14장 25-27절) 「자기의 모든 소유를 버리지 아니하면 능히 내 제자가 되지 못하리라 소금이 맛을 잃으면 무엇으로 짜게 하리요 아무 쓸데없어 내어 버리느니라.」(눅14장 33-35절)

두 번째. 성령의 법이다. 「너희가 육신대로 살면 반드시 죽을 것이로되 영으로 몸의 행실을 죽이면 살리니 성령의 인도함을 받는 그들이 곧 하나님의 자녀」(로마서 8장13절)이며 「육신의 생각은 사망이요 영의 생각은 생명과 평안이며, 그리스도 예수 안에 있는 생명의 성령의 법이 죄와 사망의 법에서 너를 해방하였다.」하신다.

그리스도인들이 극복하지 못하는 육체의 일들, 곧 우상숭배와 탐심과 교만과 음행 등 죄악들은 성령의 법을 거절하고 육신의 욕심을 따라 행하기 때문이 아니겠는가.

정상적인 그리스도인이라면 자기 생명과 모든 소유를 주님 발 앞에 내려놓고 삶 전체를 성령님께 위임하고 성령의 법을 따라야 한다. 「매 순간마다 거듭 성령님께 위임하는 훈련을 반복하라.」 「그리스도가 내안에서 그의 삶을 사시게 하라.」(갈 2장 20절) 이것이 거룩함에 이르는 새로운 생명의 성령의 법, 성숙한 신앙이 되는 것이다.

이제는 어린아이의 일을 벗어버리라. 예수의 심장을 품은 작은 예수가 되어야 한다. 그리스도의 향기가 아닌 악취를 풍기는 짓을 그만두고 세상을 밝히는 산위의 등대가 되고 신선한 맛을 내는 소금의 역할을 회복하자.

3. 살든지 죽든지

우리는 누구나 생과 사의 경계선에 서 있다. 삶의 오른편과 죽음의 왼편에 함께 공존하는 그 경계선에서 왼편으로 한 발짝만 헛디디면 죽음의 낭떠러지기로 곤두박질하게 된다. 이 예민한 갈림길에서 양쪽을 모두 명확히 분별할 수 있는 지혜를 가져야 한다.

해수욕장이나 수영장, 아니면 목욕탕 물속에 잠겨 5분간만 호흡하지 못하면 숨을 멈추고 사망의 나락으로 떨어진다. 한순간 세상을 마감하고 육체라는 옷을 벗어야 한다. 길가다가 또는 운전하다가 사고가 나면 질그릇 항아리가 깨어지면 영혼은 쏟아져 내린다. 어쩌면 그렇게 죽음이 간단할까.
하나님께서 보내주신 수호천사가 순간순간 우리 곁에서 지켜주고 암탉이 날개 아래 병아리를 품어주듯 하나님 사랑의 보호하심을 받는다는 것을 인지함이 얼마나 놀랍고 감격스러운가. 그 종말이 언제 올지 아는 사람은 없다. 건강하니 괜찮다고 젊다고 안전하다고 안심할 수 없다.

한경직 목사님은 1927년 26세 프리스턴 대학 재학시절 폐병이 깊어 각혈을 하고 죽음이 임박한 생사의 기로에서 "생명을 연장해 주시기를" 간절히 기도했다. 그때부터『오늘이 나의 마지막 날이라면』이라는 말씀을 좌우명을 삼고 오로지 하나님을 의지하고 살든지 죽든지 그분의 영광을 위하여 사셨다.
하루하루 살아 있다는 것을 감사하며 최선을 다해 사셨다. 2000년 97세에 소천 하셨으니 누가 한 목사님이 97세까지 사시리라 생각한 사람이 있었을까. 우리는 날마다 자신에게 남아 있는 시간과 생명이 얼마나 될는지 헤아리며 생명을 보존케 하시는 생명의 주관자 되시는 하나님을 바라보고 의뢰하며 살아야 한다.

아프리카 남 수단 톤즈지방 한센인 마을에서 선교활동을 하던 이태석 신부는 2008년 11월 잠시 휴가차 귀국하여 암 진단을 받고 2010년 1월 14일 세상을 떠났다. 그가 남아있는 시간이 삶의 기회가 그것밖에 안 되는 줄 상상이나 했겠는가. 우리는 누구나 앞서거니 뒤서거니 하면서 세상을 떠날 때가 온다. 거부할 수 없고 부인할 수 없고 피하여 도망치려 해도 소용이 없다. 김일성도 죽고, 김정일도 죽고, 통일교 교주 문선명도 죽고 말았다. 흐르는 세월, 역사 속으로 묻혀 버렸다. 그들이 죽어 세상을 떠나는 순간, 육신을 벗어나는 순간 어떤 심판과 어떤 형벌이 기다리고 있었겠는가. 누가 그 죽음의 순리와 무서운 심판을 피할 수 있겠는가. 죽음은 부인해도 소용없고 거부해도 아랑곳 않고 저만큼 앞에서 기다리고 있다. 그 결정적인 순간이 영광스러운 순간이 되도록 최선을 다해 살아야 한다.

"한 손에 막대 들고 또 한 손에 가시를 쥐고
늙는 길 가시로 막고 오는 백발 막대로 치렸더니
백발이 제 먼저 알고 지름길로 오더라."

42조 원의 돈을 해외에 은닉하고 있던 리비아의 카다피는 콘크리트 하수구에 숨어 있다가 자기국민에게 끌려나오면서 "쏘지 마! 쏘지 마!" 생명을 지켜보려고 했지만 불과 5분도 안되어 총에 맞아 죽어 정육점 냉동고에 벌거벗겨진 시신으로 구경거리가 되었다.

바울사도은 AD 61년경 로마의 감옥에서 빌립보 성도들에게 자신의 심정이 담긴 아래와 같은 내용의 편지를 보낸다. 「나의 간절한 기대와 소망은 모든 일에 부끄럽지 아니하고 오직 전과 같이 이제도 온전히 담대하여 살든지 죽든지 내 몸에서 그리스도가 존귀케 되게 하려하나니 이는 내가 사는 것이 그리스도니 죽는 것도 유익함이라.」했다.
그리고 「내가 육체 가운데 사는 것과 육체를 떠나 하나님과 함께 사는 그 중간에 끼었는데 육체 가운데서 사는 것보다 주와 함께 거하는 것을 더 원하는 바로되 그러나 육신으로 있는 동안에 하는 일들이 내 일의 열매가 될찐대 무엇을 가릴는지 모르겠노라.」라고 (빌립보서 1장 22절-23절) 했다.

시편 기자는 『여호와여 나의 종말과 연한이 어떠함을 나로 알게 하사 나의 연약함을 알게 하소서. 주께서 나의 날을 손 넓이 만큼 되게 하셨으니 나의 일생이 주 앞에서 없는 것 같사오니 사람이 든든히 선 때가 진실로 허사뿐이로소이다. 진실로 각 사람이 그림자 같이 다니며 헛된 일에 분요하고 재물을 쌓으나 그 재물은 누가 취할는지 알지 못하나이다. 주여 내가 무엇을 바라리요 나의 소망은 주께 있나이다.」고백했다.

우리도 바울의 간절한 기대와 소망과 같이 모든 일에 부끄럽지 않게. 그리고 죽든지 살든지 그리스도의 영광을 위하여 살아야 한다. 남아 있는 생명의 기회를 영원을 위해 준비하며 살아야 할 것이다.

4. 행복은 해석에 따라 달라진다.

 최근 인터넷 조회결과 전 국민의 49%가 우울증으로 시달리고 있으며 매년 1회 이상 진료를 받거나 장기 입원하여 치료하는 경우가 증가 추세에 있다고 검색되고 있다.

또한 불면증으로 시달리는 통계도 역시 50%이상 된다고 하며 여성(25.3%)이 남성(20.2%)보다 많고 나이가 들수록 증가한다는 통계이다. 2012년 5월 28일 건강보험심사평가원에 따르면 수면장애환자 역시 증가하고 있다고 하며 그 중에 17%가 가위눌림이라는 수면마비(sleep paralysis)증상을 경험한다고 한다. 이 증상은 불면증으로 시달리다 깊은 잠이 아닌 선잠을 자다가 정신은 말짱한데 몸을 움직일 수 없고 어떤 힘에 의하여 섬뜩한 기분 나쁜 영체가 몸을 누르거나 목을 조여서 고통을 당하는 현상을 가위눌림이라 한다.

이와 같은 패닉상태가 되면 몸을 움직일 수도 없고 다른 사람에게 도움을 청하거나 말을 하려 해도 소리가 나오지 않고 숨이 막히고 공포를 느끼게 된다. 이때 주기도문이나 성경구절을 외우고 기도를 하려해도 오직 생각과 마음뿐 움직여지지 않지만 서서히 물러가는 것을 경험한 적이 있다.

이와 같이 움직이거나 말을 할 수도 없을 때, 그리고 죽음의 문턱에서 사경을 헤매고 있는 사람은 말을 할 수 있고 호흡하며 물을 마실 수 있다는 것, 움직일 수 있고 살아있다는 것에 대하여 얼마나 소중하게 여길 것인가.

여기서 삶(시간)을 의미 없게 허비하거나 오히려 살아 있다는 것을 불평하고 원망하고 저주스러워 하는 사람은 없는지 생각해 보아야 한다. 삶은 행운이며 기회이며 놀라운 축복이다. 이 고귀하고 소중한 삶을 헛되게 낭비하지 않아야 한다. 하루하루를 의미 있고 가치 있게 맞이하고 소중하게 사용해야 한다. 이 고귀한 삶을 어떻게 하면 더 아름답고 보람되게 사용할까를 심사숙고해야 한다.

온 지구 표면에 가득찬 공기를 마음껏 호흡하며 숨 쉴 수 있다는 것은 참으로 행운이며 축복임을 감사해야 한다.

2000년 8. 12일 러시아 핵잠수함 쿠르스크호가 노르웨이 북부 100m해저에 침몰하여 마침내 산소부족으로 질식사 해 가던 118명의 병사들을 생각해 본다면 이처럼 맑은 공기를 마음껏 호흡할 수 있다는 것이 얼마나 행운인가.

둘째로 맑고 시원한 물을 마음껏 마실 수 있다는 것은 또 얼마나 놀라운 일인가. 아프리카 소말리아 지방에서 5시간 동안 뜨거운 모래사막을 걸어 플라스틱 통에 물을 길어 다시 5시간을 돌아오는 영상을 본 적이 있었다. 그 물은 더러운 구정물이었다.

그러나 그 물은 그들에게 곧 생명과 같은 물이었다. 그 물을 식수로 마시기도 하지만 몸과 손을 씻고 난후 다시 그 물에 빨래를 하고 다시 그릇을 닦고 거기에 걸레를 빨고 그 심각하게 더러워진 물을 양과 소에게 주니 기겁을 하면서 그 더러운 물을 정신없이 마시는 것을 본 적이 있었다. 그 짐승들은 그런 물이라도 마셔야 살 수 있을 것이니 깨끗한 생수의 가치가 너무도 새삼스러워 진다. 맑고 시원한 물을 마실 수 있다는 것은 얼마나 놀라운 행운인가.

다른 사람들보다 좋은 집에 살지 못한다고, 좋은 자동차가 없다고, 모아둔 돈이 없다고, 좋은 직장에 다니지 못한다고, 이웃이나 친구들이 무시하고 사람대접 받지 못한다고, 없는 것, 부족한 것 때문에 염려 근심하거나 불평하거나 짜증내는 사람은 없는지 자신과 주위를 둘러보기 바란다. 지금 살아 있다는 것, 호흡하고 물을 마시고 음식을 맛있게 먹을 수 있다는 것은 행운이며 은총이며 축복이다.

필자는 불면증으로 시달릴 때 하나님께 기도하고 전능자의 날개 그늘아래 안식하는 믿음으로 어미닭의 품에 병아리처럼 주를 신뢰하고 자신을 맡겨드릴 때 얼마나 평안한 잠을 자는지 모른다.

없는 것에 불행하다 불평하지 말고 있는 것을 꼽아보며 감사하며 살아야 한다. 삶은 소중하고 고귀한 것이며 행복은 해석하기에 따라 달라지는 것이다. 지혜로운 삶의 방식은 행복을 스스로 창조해 가는 것이다.

5. 봄을 기다리는 마음

 지난 1월 31일(2012년) 덕유산 향적봉 눈꽃산행을 다녀온 적이 있었다. 설천봉에서 향적봉-중봉-송계삼거리-동엽령-안성 매표소로 내려오는 코스였다. 오전 10시 케이블카를 타고 설천봉에서 내리니 칼바람이 매서웠다. 귀마개, 마스크, 등산복 머리 덮개까지 끈으로 여미어도 이마와 눈썹이 금세 얼어버린다. 안개 같은 구름과 눈보라가 거센 바람에 몰아쳐 눈을 뜨기도 지척을 분간하기도 어려웠다.

 겨울 산행에서는 언제나 겪는 일이지만 역시 덕유산 정상의 바람은 매서웠다. 카메라 셔터를 누르려 해도 매서운 칼바람과 싸워야 했다. 무릎까지 빠지는 눈길을 헤치며 완주한 산행이 엊그제 같은데 어느새 3월이 되었다. 겨울의 소매 자락을 부여잡고 앙탈하던 그 차가운 추위도 따스한 봄바람 앞에 서서히 사라지고, 찬바람 들어올까 꼭꼭 닫아 둔 창문을 열어젖히고 두꺼운 옷을 벗고 가벼운 옷으로 갈아입고 찬란한 봄을 맞는다. 추위에 움츠렸던 집집마다 따스한 봄은 이렇게 찾아오고 있다. 그 덕유산 향적봉, 지리산 천왕봉 기슭에는 아직도 하얀 잔설이 남아 있는데 제주에는 유채꽃이 만개했다니 이젠 섬진강 기슭 양지쪽마다 노오란 산수유 군락과 매화의 화사한 합창이 온 기슭에 울려 퍼져갈 날이 저만큼 다가오고 있다. 이처럼 설레며 황홀함을 주는 봄, 나의 사랑하는 계절의 연인 봄 처녀가 이처럼 가까이 와 있음이 너무도 설레고 행복하다. 지난해 봄을 보내며 아쉬워했던 꽃들을 추억해 본다. 그 수려한 목련 꽃잎이 하나둘 떨어지던 날 그렇게도 아쉬워했는데, 벚꽃 축제 끝날 흰 눈처럼 흩어지는 꽃잎을 바라보면서 그렇게 아쉬워했었는데, 개나리 진달래 화사한 미소로 하늘하늘 속삭이던 소리가 귀에 쟁쟁했었는데, 그토록 오랫동안 기다리던 봄이 따스한 햇살을 머리에 이고 산들산들 봄바람을 밟으며 포근한 치마 갈아입고 저만큼 가까이 오고 있다.

『산 너머 남촌에는 누가 살길래
해마다 봄바람이 남으로 오네
아- 꽃피는 사월이면 진달래 향기
밀 익은 오월이면 보리 내음새
어느 것 한가진들 실어 안 오리
남촌서 남풍 불 제 나는 좋대나

산 너머 남촌에는 누가 살길래

저 하늘 저 빛깔이 그리 고울까
아– 금잔디 넓은 벌엔 호랑나비 떼
버들 밭 실개천엔 종달새 노래
어느 것 한가진들 실어 안 오리
남촌서 남풍 불 제 나는 좋대나」

창문 밖에 2층까지 올라온 라일락 꽃나무를 바라보니 담장의 홍매화도 금세 예쁜 꽃망울을 터트리고 피어 날 것이니 꽃을 기다리는 설레는 마음, 행복에 젖어본다.

계룡산 수통골 개울가엔 버들강아지, 등산로에는 민들레, 제비꽃, 금낭화, 노루귀 등 이름 모를 야생화가 저마다의 아름다운 빛깔로 꽃을 피우고 기다릴 것이다. 발에 밟히고 뭉개져도 얼굴 찡그리거나 불평하지 않고 피어 날 것이니 금년에 피는 꽃들은 또 무어라 그분의 메시지를 속삭여 줄까. 마음은 벌써 봄길을 걷는다.

6. 성직자의 성추문

미국 42대 클린턴 대통령은 재임하는 동안 미국 역사상 가장 경제호황을 실현한 성공한 대통령으로 평가되고 있다.

그러나 갓 대학을 졸업한 인턴 여직원 르윈스키와 은밀한 관계가 들통 나면서 성추문의 아이콘처럼 여김을 받는 신세가 되었다. 국민들의 도덕적·정신적 지도자여야 할 국가원수이자 군 최고사령관, 헌법 수호자이며 행정수반으로서의 미 대통령의 권위는 땅에 떨어졌고 일상의 조롱거리로 격하됐고 그의 일생에 씻을 수 없는 오점이 되어버렸다.

성욕으로 인한 추문과 망신이 어디 클린턴뿐이겠는가. 한국의 기독교 성직자들도 결코 자유로울 수 없다. 물을 마시지 못할 때의 갈증이나 배가 고플 때의 허기나 또는 잠을 자지 못할 때의 졸림과 같은 기본적인 욕구는 대통령이나 성직자나 동일하기 때문이다.

최근 한국교회 내에 성직자들의 은밀한 성추문들이 드러나면서 세상의 빛과 소금의 사명은커녕 조롱과 비난의 대상으로 추락하고 있는 실정이 되고 있다. 연예인이나 정치인들 그리고 세상 일반인들보다 목사들의 성추문은 조그만 실수라도 훨씬 더 민감하게 반응하고 기독교를 공격하는 안티 기독교로 발전하기 때문이다.

중국의 사가 사마천의 기록을 보면 진시황제의 아비 자초(훗날의 장양왕)는 진나라의 왕자로 조나라에 인질로 잡혀와 매우 곤궁한 생활을 하고 있을 때 탁월한 장사꾼이며 모략가인 여불위(진시황제의 親父)가 찾아가 「나는 당신을 세상에서 가장 부귀한 천자로 만들어 주겠소.」하고 극진히 돌보아 주었고. 한단에서 가장 아름답다는 무용수 출신 자신의 애첩 조희를 소개하여 한눈에 반한 그에게 시집보낸다. 이미 그녀는 여불위의 씨를 잉태한 중이었고 달이 차서 아들을 낳으니 자초는 자기 씨로 알고 기쁨에 어쩔 줄을 몰랐고 여불위의 호의에 감동되어 그를 극진히 여겼다. 이 아이가 훗날 진시황제가 된 '영정'이다.

여불위는 이때부터 자신의 재물과 역량을 총동원하여 자초를 진나라의 황제로 만드는 일에 성공하였고 왕이 된 자초(장양왕)는 그를 승상을 삼아 부귀를 함께 누리다가 몇 년 후 장양

왕이 죽으니 13세가 된 영정이 왕위에 즉위하니 여불위는 마침내 자신의 씨를 진나라의 왕으로 만드는데 성공한다.

한편 진시황제의 생모(生母) 조희는 원래 음탕한 여자로 왕후가 된 후에도 여불위와 은밀한 관계를 유지하다가 영특한 아들에게 들통이 날 것을 염려하여 여불위는 음탕한 그녀를 떼여버리기 위하여 성기가 크기로 유명한 '노애'라는 비류를 거짓 부형(腐刑 ; 성기를 거세하는 형)을 행하고 수염과 눈썹을 뽑고 내시로 붙여주니 그가 태후의 정부요 진시황제의 의붓아비가 되었다. (*노애' - 진시황제의 계부 이름)

황후는 이 비밀들이 탄로 날까 두려워 아들에게 부탁하여 200리 밖 옹주 성으로 옮겨와 노애의 두 아들을 낳고 종을 1천이나 거느리고 군사를 길러 제왕처럼 행세하다가 진시왕이 모친을 알현하러 왔을 때 쿠데타를 음모했다.

안설이란 자의 역모 고변으로 노애의 군사와 진시왕의 군사가 충돌하여 겨우 난을 평정하고 두 아들은 자루에 넣어 몽둥이로 두들겨 죽이고 노에는 저잣거리에 네 마리의 말이 사지를 찢어 죽이고 태후는 유폐되고 여불위는 마침내 자살하고 만다. 그후 진시황제는 아름다운 여인을 증오했고 평생 부인을 두지 않고 살았다.

위 사건은 음행으로 인하여 패가망신하고 추악해 지는 실례를 보여주고 있다. 성(性)에 대한 인간의 욕망은 그 누구라도 경계하고 조심해야 할 어려운 영역으로 한 개인의 삶과 가정과 소속한 공동체를 파멸로 몰아넣을 수 있다는 것을 명심해야 할 것이다.

7. 행복을 정제(精製)하는 연금술사(錬金術師)

인간에게 가장 고귀한 것 5가지를 분류하라면 첫째 생명, 둘째 몸과 건강, 셋째 돈과 재물, 넷째 꿈과 사명, 다섯째 결단과 용기라 생각한다.

첫째. 생명과 몸(肉身)을 같은 것이라 생각할지 모르지만 몸과 생명은 같은 것이 아니다. 또한 인간의 영혼(靈魂)을 하나라 착각하기도 하지만 영(靈)과 혼(魂)은 밀접하게 결합되어 있으나 예리하게 분석하면 물과 기름이 별개인 것처럼 같은 것이 아니라는 것을 알게 된다.

인류는 고대로부터 영혼불멸(靈魂不滅)을 믿어왔다. 인간의 생명(靈)은 영원히 존재하는 것이 틀림없다. 육체는 기능이 다하여 죽더라도 생명은 영원히 존재하는 것이니 그러므로 육체보다 생명은 더 소중한 것이다.

또 이 생명은 시간으로 존재하며 시간의 조각 조각으로 생명과 시간은 곧 하나라고 볼 수 있다. 시간은 한번 지나가면 다시 돌이킬 수 없다. 세상에 살아있는 동안 인간에게 주어진 시간은 생명의 기회이며 생명 그 자체이기도 하다. 그러므로 시간을 낭비하는 것에 대하여 『세월을 아끼라 때가 악하니라』 라고 세월을 허비하는 것은 악(惡)한 것이라고 에베소서 5잘 14절에 말씀하신다.

어떤 생각과 삶의 목표를 가지고 어떻게 살아가느냐에 따라 그 생명(시간)의 가치가 평가받게 될 것이다. 그러므로 생의 종말에 이르러 잘못된 삶을 살아왔다는 것을 깨닫는 것은 가장 비참한 일이다. 왜냐하면 우리가 살아야 할 인생은 오직 하나 뿐이기 때문이다.

둘째로 소중한 것은 몸(肉身)이다. 생명이라는 나 자신이 이 육체를 옷 입고 있는 동안에만 이 세상에 생존할 수 있고 사명을 실천할 수 있다. 우리의 생명은 육체라는 옷을 입고 몸이라는 질그릇에 담겨 있다. 이 육체는 건강과 한 줄로 연결되어 있다. 그러므로 몸(건강)을 위하여 1) 충분하게 영양을 섭취해야 하고 2) 충분한 휴식이 있어야 한다. 3) 그리고 적당한 운동과 주기적인 건강검진을 받아 잘 보존하고 관리해야 한다. 사명을 위하여 건강하게 장수하며 더 효과적으로 사역에 최선을 다해야 한다. 우리가 건강해야 하고 장수해야 함은 세상의 정욕을 위함이 아니요 사명을 위함이다.

셋째. 돈과 물질적인 것이 필요하다. 물이 있어야 물고기가 자유롭게 살아갈 수 있는 것처럼 세상을 살아가는 데 돈과 재물이 있어야 한다. 강도가 총을 들고 협박하면 사람들이 굴복하는 것처럼 총보다 더 큰 영향력을 지니고 사람들을 굴복케 하는 것이 돈과 재물이다. 그 매력을 알기 때문에 많은 재물을 소유하고 부자가 되려 하는 것이다. 지위와 권력도 마찬가지다.

넷째. 여기서 우리는 돈과 재물, 그리고 지위와 명예가 주어진다면 어떻게 사용할 것인가를 심사숙고하여 생각해야 한다. 최근 몰락한 리비아의 독재자 카다피같은 권력과 억만장자가 된다면 과연 그것이 성공이고 행복일까.

과연 인류 역사상 권력과 재물과 부귀영화를 누리던 사람들은 어떤 삶을 살았는가. 바벨로니아의 느부갓네살은 부귀와 영화가 극치를 누릴 때 짐승처럼 광야에서 이슬을 맞고 풀을 뜯어먹는 정신착란자가 되었고, 알렉산더 대왕은 젊은 나이에 이집트를 정복하고 이란을 지나 인도까지 진격하였으나 열병으로 회군한 후 폭음과 폭주를 지속하다 아직 창창한 32세의 젊은 나이에 죽고 말았다.

히틀러는 권총 자살했고, 이탈리아 무솔리니는 반군에 의해 총살되어 애인 페타치와 함께 밀라노로 트럭에 실려와 군중들에게 처참하게 짓밟힌 후 지붕에 거꾸로 매달렸다. 이라크 후세인은 지하실에 숨어있다 체포되어 교수형으로 죽었고 카다피는 자기 국민들에 의하여 개처럼 끌려가다 살해되었다.

세상의 어떤 권력과 부귀영화도 영원(永遠)의 관점에서 들여다보면 일장춘몽(一場春夢)에 지나지 않는 것이다. 일장춘몽이란 따스한 봄날 아침 툇마루에서 잠간 꾼 한바탕 꿈을 일컫는다. 성경에서는 「인생을 풀과 같고 그 영광은 풀의 꽃과 같으니 풀은 마르고 꽃은 떨어지되 오직 주의 말씀은 영원하다.」고 베드로전서 1장 24절에 말씀하셨다.

어떻게 해야 영원히 변치 않는 영광과 소멸하지 않는 행복을 얻을 수 있을까. 생명과 시간 몸과 건강 그리고 돈과 재물 지위나 권력이 남아 있다면 그것을 가장 효과적으로 사용하는 방법은 무엇일까. 잠시 후가 되면 자신이 간직하고 소유할 수 없는 그 유한하고 찰라적인 재료들을 아직 기회가 있을 동안에 영원으로 바꾸어 놓을 줄 아는 지혜를 깨달아야 한다.

첫째, 우리 곁에 도움을 필요로 하는 이웃이 존재한다는 것이 행운임을 인지하는 것이다. 자신이 소유하고 있는 것들을 필요로 하는 이웃이 존재한다는 것은 자신을 보석같이 빛나게 사용할 수 있는 기회인 것을 깨닫는 것이다.
둘째, 그 이웃을 위하여 자기에게 아직 남아 있는 것들을 사용하고 나누어야 한다. 이것이 행복을 정제하는 연금술사가 되는 방법인 것이다.
셋째, 기회를 놓치지 않고 결단하는 용기가 있어야 한다.

이 평범하고 손쉬운 선택이 돌무더기를 황금으로 바꾸는 연금술사(鍊金術師)가 되는 방법인 것이다. 우리는 카다피의 비참한 최후를 보았고 한경직 목사님이나 장기려 박사님의 삶도 목격했다. 과연 어떻게 살아야 할까 생각하는 기회가 되었으면 좋겠다.

8. 이슬람 채권법의 문제점

 중동 산유국 대부분이 이슬람국가로 저들의 풍부한 석유판매 잉여금을 빌려주는 이슬람 율법이 이슬람채권(스쿠크)이라 알고 있다. 만일 이 채권(융자금) 도입을 위한 조세특례제한법을 국회에서 입법화하여 이슬람 채권이 국내에 들어온다면 일어날 가능성이 있는 예측된 국가적 재앙을 생각해 보아야 할 것이다. 지금 전 세계적으로 가장 빠른 속도로 세력을 확장하는 종교가 이슬람이다. 필자는 인류의 가장 큰 재앙은 이슬람으로부터 오게 될 것이라고 생각하고 있다. 그 내용을 살펴보면.

첫째. 이슬람은 신정일치와 무력주의를 병행하는 시스템이다. 오히려 종교라기보다 정치세력으로 보이는 이유는 종교와 무력을 사용하여 세계를 정치적으로 지배하려는 의도가 있기 때문이다. 이번 스쿠크법도 막대한 자금을 이용하여 영향력을 키우고 저들의 시스템을 실현하려는 의도가 숨겨있다고 인지해야 한다.

둘째. 이슬람의 결혼과 이혼법은 너무 간단하다. 결혼은 신랑, 신부의 아버지, 증인 2명이 함께 손을 겹친 후 코란 한 구절을 외우면 된다. 이슬람이 일부다처제를 선택한 이유는 무력을 사용하다 죽어 남자가 부족하기 때문이며, 많은 자녀를 낳아 이슬람의 전사를 양산하려는 목적도 있는 것이다.

셋째. 여자의 인권은 남자에게 종속되어 있고 두려움과 복종이 강요된다.

넷째. '유대교와 기독교도는 죽이라. 이슬람에서 타 종교로 개종하면 죽이라. 여자가 간음하면 돌로 쳐 죽이라.' 등 살인이 합법화된 종교이다.

다섯째. 이슬람의 경전 코란에 『이슬람의 적과 싸우는 성전(지하드)에 목숨을 바친 순교자는 천국에서 72명의 처녀를 얻는다.』는 구절이 있다. 이는 테러를 교사하고 충동하는 것이라 해도 지나친 말이 아닐 것이다. 아프가니스탄 접경 와지리스탄 산악지역 탈레반 비밀기지를 파키스탄 정부군이 점령했는데 200명 이상을 수용할 수 있는 동굴벽화에 화려하고 아름다운 천국에 우유가 흐르는 강가에서 수많은 아름다운 처녀들과 순교한 무슬림들이 연회를 즐기는 그림이 있었다고 한다. 이슬람 탈레반들은 12-18세 청소년들에게 자살 테러공격을 훈련하면서 『이런 천국이 기다리고 있으니 너희들의 순교는 반드시 보상 받는다.』라고 교육한다고 한다. 이슬람이 테러집단이라는 오명을 벗을 수 없는 결정적 증거이다.

여섯째. 이슬람 중에 수니파와 시아파가 있는데 수니파는 정통 근본주의자들로 코란 내용대로 철저하게 실천하는 종파이다. 대부분 근본주의 무장 세력이 이들이다. 그러나 시아파는 근본원리대로 행하는 것이 아닌 타협주의라고 볼 수 있다. 정통 이슬람 입장에서 보면 시아파는 변질된 이단이다. 정통 이슬람이 지배하게 되면 정치와 사법을 모두 통솔한다. 이란의 호메이니옹이 이슬람 지도자로 국가 최고 수반이었던 것이 그 예이다.

일곱째. 이슬람의 사원 모스코(Mosque)는 그 안에서는 국가법이 아닌 이슬람법이 지배하는 국가법을 초월한다. 기독교국가에서는 포교가 자유롭지만 이슬람국가에서 기독교를 포교하면 살아남을 수 없다. 왜냐하면 저들의 법대로 죽여야 하기 때문이다. 이슬람은 살인이 너무 일반화되어 있다고 보아야 한다. 또한 이슬람에서는 여자는 인권이 없다고 볼 수 있다. 여성단체에서는 우리의 딸들이 코가 잘리고 귀가 잘리지 않으려면 정신을 차려야 한다. 남자는 매로 칠 수도 있고 이혼하려면「이혼이야!」라고 세번 말하면 합법적 이혼이 성립된다.

스쿠크법은 그 풍부한 석유자금으로 이와 같이 이슬람 세력을 확장하려는 의도를 숨기고 있기 때문이다. 인류 최악의 재앙이 어쩌면 이슬람이 될 것이라 생각된다. 인권도 민주주의도 도덕도 무너지게 될 것으로 볼 수 있다. 스쿠크법이 그 배당금이나 임대료 등 자금이 테러단체로 흘러 갈 수도 있고 양로원 병원 유아원 등 정당 후원금등 정치세력화 될 수도 있고 이슬람 포교가 극대화 될 수도 있기 때문이다.

저들은 세력이 강해지고 힘을 얻기까지는 본색을 드러내지 않는다. 자비 선행 평화로 위장하여 좋은 이미지로 세력을 늘려

나갈 것이다. 그러나 어느 정도 힘을 얻고 세력화되면 그때부터 국가적 재앙이 될 것이다. 영국 프랑스 등 유럽 국가들이 그 실례라 볼 수 있다. 국론은 분열되고 이질감으로 대립 할 것이며 갈등이 심화될 것이며 이슬람이 세력화 된 나라들 중에 내전이나 국가적 재앙이 초래된 경우를 살펴보기 바란다.

특히 여성단체들은 두 눈을 부릅뜨고 경계하며 스쿠크법으로 인한 재앙을 애초부터 차단해야 할 것이다. 인류의 가장 보편 타당성을 지닌 제도가 민주주의 시장경제원리라면 인류의 가장 불합리하고 불행을 주는 제도가 공산주의이고 그보다 한층 더 경계해야 할 제도와 종교가 이슬람이라는 것을 기억해야 할 것이다.

9. 우리시대의 영웅 한주호 준위

2010. 3. 31일 오후, 진해만의 드넓은 푸른 바다가 내려다보이는 해군기지사령부에는 하염없이 비가 내리고 있었다. 연병장을 가로질러 특수전 여단 2층 한주호 준위(53세)의 사무실에는 한 준위를 비롯한 소속 장병들의 직제표와 『불가능은 없다』는 특수여단의 모토와 같은 한준위의 좌우명이 선명하게 걸려 있었다. 그의 사무실은 조용했고 금빛 준위 계급장이 달린 베레모와 전투모가 창밖을 바라보며 돌아올 수 없는 주인을 기다리고 있었다. 그의 책상에는 흰 국화 다발과 출동 직전 출력했음직한 천안함 탑승 장병들의 관등성명과 직책이 기록된 A4용지 3장이 놓여 있었다.

1. 숙명과 같은 사명감

사흘 전(28일) 그는 이 명단을 들여다보면서 침몰된 천안함에

간혀 있을 아들과 같은 또래 장병들에 대한 안타까움에 『캄캄한 물 밑에서 구조 손길을 기다리고 있을 후배들을 외면할 수 없다』는 오직 자신이 담당해야 할 숙명처럼 가슴 밑바닥에서의 애잔한 사명감에 잠수복을 챙겼다. 그리고 진해에 있는 아내에게 『배에 들어왔다. 바쁘니까 내일 전화할게!』 말만 남기고 돌아오지 못할 길을 떠났다. 천안함 침몰 현장 백령도 해역으로 출동 했던 것이다.

2. 'UDT의 전설'

그는 1975년 2월 특전 27차 해군 부사관으로 입대하여 미 해병 단기 과정을 수료한 후 35년간 UDT 베테랑으로 해병단 수중파괴대(UDT전신)소대장, 특수전여단 대 테러담당, UDT SEAL소대장, 폭발물 처리대 중대장, 등을 거쳤고 특수전 여단에서 18년간 교관으로 복무하며 특전 초급반 18개 차수, 중급반 8개 차수, 고급반 4개 차수, SDV과정 5개 차수, 해상 대테러과정 5개 차수, 폭발물 처리과정 등을 지도했다.
UDT SEAL 대원 대부분이 호랑이 교관인 그에게 혼쭐이 나고 그리고 따듯한 격려를 받았다. UDT가 그였고 그가 UDT였다. 그를 'UDT의 전설'이라고 하는 것이 『불가능은 없다』라는 의지만으로 실현되는 게 아니다. 그는 불가능을 가능케 하기 위해 새로운 전략과 이동표적 사격술 등 끊임없이 생각하고 준비하고 행동했기 때문이며 『국가와 전우를 위해 희생해야 한다.』는 신념으로 항상 솔선수범했던 그였기에 UDT의 전설이라고 부르게 된 것이다. 어떤 임무가 부여되더라도 자신의 능력을 최대한 발휘하여 완수한다는 자신감과 열정이 그 근저에 깔려 있는 것이다.

3. 그의 열정, 전우애와 희생

바닷물 수온 3도에서는 20분을 견디기 어렵다하며 바다 속에서는 10m 깊어질 때마다 1기압씩 수압이 증가하므로 높아진 압력에 질소가 산소와 함께 혈액에 녹아들면서 시각장애와 무의식 등 치명적인 증상을 유발하는 질소마취와 산소중독이 나타나기 때문이라 한다. 특히 사고 해협은 유속이 빨라 유속 5노트라면 태풍에 몸이 날아가는 느낌이 들 정도로 잠깐의 실수로 순식간에 수백 미터나 밀려가 조난당하게 된다는 게 구조대원들의 설명이다. 미군 특수부대 수칙은 하루 1번 이상 잠수하지 않으며 잠수 후에는 반드시 회복을 위한 장비로 충분히 관리해야 한다고 되어 있다. 그러나 한 준위는 사망 당일 2시간이나 무리하게 물속에 들어갔고 충분한 회복관리도 하지 못하였다고 한다.

육군중위로 복무하는 아들과 마지막 통화에서 『많이 힘들고 춥다.』고 하여 『그만 하십시오.』하니 『바다 속 후배들이 구조를 기다린다.』고, 조국과 해군을 위한 마지막 봉사라고, 2012년 전역을 앞둔 군 생활 35년째인 53세의 노병인 그가 빠져도 사실 아무도 탓할 사람이 없었지만 『경험 많은 내가 아니면 누가 가겠는가』하며 생사를 넘나드는 구조 작업에 자원했던 것이다. 그리고 물에서 올라 올 때는 수압과 산소 결핍으로 호흡을 멈춘 채 얼굴이 퉁퉁 부은 차가운 모습으로 끝내 회복하지 못하고 숨을 거두고 말았다.

군인 중의 군인, UDT의 전설, 한주호 준위는 이렇게 조국을 대한 사명과 후배들을 향한 전우애로 그 열정의 숨을 거두고 말았다. 늘『솔선수범하라』『군인인 아들에게 아버지가 모범을 보이지 않으면 안 된다』는 신조를 지키며 하루 잠수하면 이틀을 쉰다는 안전 규정을 위반하면서까지 사흘 연속 잠수하며 자식과 같은 사랑하는 후배들을 구하려다 결국 그렇게 그가 평생을 지배해 온 바다에서 그 열정의 생을 마쳤다.

4. 그는 우리시대의 영웅이다.

그의 투철한 군인정신, 사명감, 부하를 사랑하는 전우애, 그는 영원한 UDT로 남기를 원했다. 1년 후 전역하여 누릴 안락한 노후를 거절한 것이다. 진정한 군인의 길이 무엇인지 진정한 프로군인이 무엇인지 사람은 어떻게 살아야 하며 어떻게 죽어야 하는지를 후배들과 국민들에게 가르쳐 주고 있다. 뇌물로 얼룩진 정치인들, 밥그릇 챙기기에 혈안이 되어 집단 이기주의 양극화의 국론 분열에 앞장서며 민주주의와 인권을 지껄이며 권력과 부를 추구하는 이시대의 소인배들을 향해 조국과 나라를 위해 어떻게 살아야 하고 어떻게 죽어야 하는지를 똑똑히 가르쳐 주고 있다. 우리 모두를 가슴 저리게 하고 감동의 뜨거운 눈물을 쏟게 하면서 그렇게 그렇게 고귀하게 순교했다. 조국의 독립을 위하여 어린 나이에 만세 운동을 선도하다 순국한 유관순열사처럼, 아니 안중근의사처럼 이 번영의 시대에 우리 국민들 가슴속에 보석 같은 교훈을 가르쳐 주고 떠났다.

고 한주호 준위, 그는 이 시대의 영웅으로 'UDT의 전설'로 민족의 가슴속에 기억될 것이다. 우리 대한민국은 그를 영원히 잊지 않을 것이다. 그는 죽지 않았다. 다만 우리의 가슴 속에 영원히 살아있는 것이다. 결국 그는 많은 사람을 구한 것과 다름없다. 현역, 예비역, 공무원, 정치인, 기업인 등 온 국민들이 그의 가르침을 잊어서는 안 된다.

그를 보면서 그를 느끼면서 그를 닮아가야 한다.
이제 우리나라가 성숙한 애국심으로 희생과 섬김의 품격을 갖춘 나라가 되어야 한다.

10. 그리스도의 참 제자

『네 영혼이 잘됨같이 네가 범사에 잘되고 강건하기를 원하노라』『내가 온 것은 양으로 생명을 얻고 더 풍성케 하려 함이라』『네가 가는 모든 곳에서 내가 너와 함께 있어 네 모든 원수를 네 앞에서 멸하였은즉 땅에서 위대한 자들의 이름같이 너를 존귀케 하리라』(사무엘하 7장 9)『너를 모든 민족위에 뛰어나게 하리라』(신명기 28: 1)이와 같은 말씀이 얼마나 우리를 즐겁게 하고 소망을 주는가. 많은 그리스도인들이 이와 같은 말씀들을 좋아하고 신앙생활을 한다.

그러나 이런 말씀만 좋아하고 치중해서는 안 된다. 그 다음 상위단계인 성숙한 단계로 올라서야한다. 그래야 빛과 소금의 사명을 감당하게 될 것이며 그리스도를 닮은 성화된 생활이 될 것이다.

지금 한국교회는 이 말씀들 위의 그 보다 상위의 말씀, 예수께서 이르시기를 『누구든지 나를 따라오려거든 자기를 부인하고 자기 십자기를 지고 나를 따를 것 이니라. 누구든지 제 목숨을 구원코자하면 잃을 것이요 누구든지 나를 위하여 제 목숨을 잃으면 찾으리라』 (마16장 24-25) 『무릇 내게 오는 자가 자기 부모와 처자와 형제와 자매와 자기 목숨까지 미워하지 아니하면 능히 내 제자가 되지 못하고 누구든지 자기 십자가를 지고 나를 따르지 않는 자도 능히 내 제자가 되지 못하리라.』 (누가복음 14장 26-27)하신 그리스도의 말씀들을 묵상하고 존중하는 신앙생활이 되어야 한다.

이 말씀들에 『마음과 뜻을 두고 그것을 손목에 매어 기호를 삼고 미간에 붙여 표를 삼으며 자녀에게 가르치며 집에 앉아 있을 때에나 길을 갈 때에나 누워있을 때에나 일어날 때에도 항상 강론하고 집 문설주와 바깥문에 기록하여』 (신명기 11장 18-20)지키는 신앙운동을 시작해야 한다.

신앙의 2단계가 있으니 첫 번째가 ①창조주 영원자이신 하나님께서 도성인신(道成人身. Incarnation)하신 사람의 몸으로 이 세상에 오셔서 ②온 인류의 원죄와 자범죄를 다 짊어지시고 모든 저주의 쓴잔을 몽땅 마셔버리시고 속죄양으로 생명을 내어주시고 피를 쏟고 대신 죽으셔서 ③하나님과의 완벽한 화해를 성취하셨음을 인지하고 인격 속에 수용하여 체험하므로 ④ 죄 사함 받은 감격이 인격과 영혼 속에 가득 채워지는 놀라운 경험이 있어야 한다. ⑤이 과정을 통과하여 하나님의 자녀로 다시 태어나 그리스도의 영의 지배를 받는 단계가 되어야 진정한 그리스도인이 된 것이다. ⑥이때부터 기쁨이 임하고 말씀이 꿀송이처럼 달고 기도의 응답과 병 고침과 그리스도와 동행하는 성도의 삶이 시작되는 것이다.

그 다음 두 번째 단계가 중요하다. 이 단계가 성숙한 신앙의 핵심이기 때문이다. 첫 번째 단계에 머물러 있어서는 안 된다. 아무리 중생하여 거듭나고 성령의 체험을 하고 기쁨과 감사함으로 신앙생활하고 있더라도 인간의 육신은 타락한 원죄의 지배를 받고 있기 때문에 쓴 뿌리가 남아 있어서 죄를 좋아하는 육신의 소욕이 끊임없이 살아 일어난다. 모기를 잡아도 잡아도 시궁창 웅덩이에서 계속 모기가 생산되는 것 같이, 또는 봄날 아카시아 싹을 잘라내고 잘라내어도 계속 새 순이 돋아나는 것처럼 죄의 소욕은 육체가 숨 거두는 날까지 지속된다는 것을 기억해야 한다.

사람의 죄의 본성은 울어도 안 되고 힘써도 안 되고 참아도 안 되는 죄의 소욕이 멈춰지지가 않는다. 죽는 날까지 마지막 숨을 거두는 시간까지 지속된다. 그러므로 바울은 「오호라! 나는 곤고한 사람이로다. 누가 이 사망의 몸에서 나를 구원하랴!」라고 탄식하며 비명을 질러댄 것이다.

최근 성추행 성폭행 사건들이 뉴스에 끊임없이 보도되고 있다.

그러나 드러나지 않은 사건을 얼마나 많겠는가. 이와 같은 성범죄는 아무리 단속하고 처벌해도 근절되지가 않는다.

그 이유는 모든 인류가 육체를 가지고 있는 동안에는 잠재되어 있는 죄의 본능이 있기 때문이다. 목이 마르면 갈증을 느끼고 배고 고프면 허기가 느껴지는 것처럼 모든 인간의 성적인 욕구는 육신을 가지고 있는 동안 끊임없이 일어나기 때문이다. 물이 아래로 흐르는 것 같고 마른 섶에 불이 붙으면 타는 것 같은 이 육신의 생각, 본능적인 생각은 하나님과 원수가 되고 하나님과 충돌하게 된다.

이 싸움에서 지게 되면 성추행범이 되고 도둑이나 공금 횡령범이 되는 것이다. 그리고 그 행위로 말미암아 자신이 꽁꽁 묶이게 된다. 육신의 욕망을 극복하지 못하고 저지른 성범죄나 도둑질이나 그 결박에서 해방되는 길도 없고 방법도 없다. 평생 꼬리표가 붙어 따라다닌다. 아무리 선량하고 좋은 성품을 가졌어도 그 행위를 보고 그 사람을 평가하게 된다. 이 얼마나 가혹한 대가이며 비극인가. 그러므로 조심하고 경계하고 자기 자신을 다스리고 극복해야 한다.

다윗왕은 하나님의 마음에 합한 자라고 하셨다. 온전히 하나님을 따르는 신앙의 소유자였다. 그러나 우리아의 아내 밧세바를 보고 음욕을 극복하지 못하고 은밀히 데려다 간음을 하여 임신이 되니 당황하여 그 범죄를 은폐하기 위하여 비열한 방법을

사용하다가 정직한 충신 우리아를 죽이는 살인죄까지 더하게
되었다. 왜 이와 같은 비극이 시작되었는가. 자기 자신을 다스
리지 못하였기 때문이다. 그 범죄의 보응으로 비극이 시작되었
으니 장남인 암논이 이복여동생 다말을 데려다가 강간을 하고
학대하는 사건이 일어났다. 이를 알게 된 다말의 오라비 압살
롬이 여동생의 한을 품고 2년 동안 계획적으로 음모를 꾸며
결국 암논을 죽이고 아비인 다윗에게 반역을 일으키니 국운이
풍전등화가 되고 맨발로 도망치는 신세가 되어버렸다.

그토록 하나님께서 칭찬하시던 다윗왕도 장남에 대한 지나친
부성애(父性愛)를 극복하지 못하니 자신뿐만 아니라 그 자녀들
에게 그리고 그가 다스리는 왕국 전체에 일대 비극이 시작된
것이다.

만일 암논이 다말을 강간한 사건이 일어났을 때 맏아들이라도
사사로운 정을 단호히 극복하고 확실한 징계를 했다든지 모든
사람들이 공감하는 처벌을 했다면 압살롬의 반역은 일어나지
않았을 수도 있었다.

다윗왕이 ①자신을 다스리지 못하여 밧세바와 간음한 범죄와
②장남 암논에 대하여 『무릇 내게 오는 자가 자기 부모와 처
자와 형제와 자매와 자기 목숨까지 미워하지 아니하면 능히 내
제자가 되지 못하고 누구든지 자기 십자가를 지고 나를 따르지
않는 자도 능히 내 제자가 되지 못하리라』는 자기를 부인하고

자기 십자가를 지는 제자의 삶을 실천하지 못하므로 불행과 비극을 초래한 것이다.

하나님은 은밀하게 저지른 죄악이라도 온 세상 앞에 드러나게 하신다. 『감춰진 것이 드러나지 않을 것이 없고 숨은 것이 알려지지 않을 것이 없다.』 (마 10장 26절)는 것을 우리 모두 명심해야 할 것이다.

11. 인류가 꿈 꿔야 할 올림픽

금메달보다 더 아름다운 쑨양과 박태환 선수

요즘 런던 올림픽에서 들려오는 우리 선수들의 승전보와 금메달 소식은 무더위에 지친 국민들에게 짜릿한 감동과 삶의 활력을 주고 있다.

우리나라가 올림픽에 처음 참가한 역사를 살펴보니 1945년 일제의 식민지에서 해방직후 미군정 아래에 있던 1947년 6월 15일 스톡홀름에서 열린 IOC 총회에 미국 한국이민위원회위원장이었던 이원순씨가 우리나라를 대표하여 처음 참석, 독립국가로서의 지위를 역설, IOC 회원국으로 인정받아 1948년 7월 처음 참가한 것이 제14회 런던올림픽 이었다. 68명의 선수가 7개 종목에 출전하여 복싱과 역도에서 각각 동메달을 획득하여 세계 순위 32위를 차지하였다. 아직 주권국가로서 정부도 수립하지 못한 최 약소국이 국제무대에 알려지지 않은 동양의 가장 가난한 나라가 처음 참가한 올림픽에서 32위를 기록했다는 것은 지금의 4위와 같이 놀라운 사건이 틀림없다. 이것이 우리나라 첫 번 올림픽 역사이다.

그 가난하던 약소국이 40년 만에 1988년 올림픽을 개최하더니 금년 2012년 올림픽에서는 중국 미국 영국에 이어 프랑스 러시아 일본 캐나다 호주 등 강대국을 모두 제치고 폐막 7일을 앞두고 금메달 11개 종합 4위가 되어 우리민족의 가능성과 저력을 보여주고 있다.

특히 2002년 월드컵 4강의 주인공이었던 홍명보 선수가 감독이 되어 지휘하는 축구 대표 팀은 축구의 종주국 영국 단일팀을 이겨버렸다. 원래 영국은 우리나라 지역감정 같이 심각한 갈등과 반목으로 지역마다 4개의 대표 팀으로 하나가되지 못하다가 이번 올림픽을 계기로 역사적인 단일팀을 만들어 온 영국 국민들이 금메달 우승을 기대했었는데 그 강팀을 우리 한국 팀이 이겨 '멘붕' 을 만들어 버리고 기고만장하던 일본의 코를 납작하게 만들고 동메달을 따는 기적 같은 사고를 쳤다.

그러나 이와 같은 올림픽 순위 4위, 금메달 11개의 성적보다 더 국민들의 마음을 훈훈하게 하는 소식이 있으니 한국의 마린보이 박태환 선수와 중국의 수영영웅 쑨양 선수와의 아름다운 이야기이다. 이 두 선수의 따뜻한 우정이 지금 네티즌들의 마음을 감동시키고 있다.

얼마 전 박지성 선수가 영국 맨체스터 팀에서 퀸즈 팀으로 이적하면서 보는 이들에게 감동을 주더니 이번에는 20대 초반의 어린 두 선수들이 한국과 중국 네티즌들뿐만 아니라 이를 지켜보는 세계 많은 관중들을 행복하게 하는 아름다운 모습을 보여주고 있다.

박태환 선수는 키 183센티, 금년 23세로 2008 베이징올림픽 수영종목에서 미국과 유럽 선수들을 제치고 우승하여 금메달을 따 아시아인의 가능성을 보여준 선수였다. 이때 도전 받고 박태환 선수를 따라 하기 시작했다는 중국의 쑨양 선수는 키 198센티의 21세로 박태환선수보다 키가 15센티나 크지만 나이는 2살 어리다. 쑨양 선수는 이번 런던올림픽에서 수영 400M와 1,500M에서 세계신기록을 달성하여 금메달을 따고 세계적인 선수로 중국의 수영영웅이 되었다.

이 두 선수는 같은 종목에서 경쟁해야 하는 라이벌로 피차 우승을 다투며 예리하게 반응하고 대립할 수 있는 관계가 틀림없다. 이와 같은 점을 중계하는 방송이나 신문에서 라이벌 관계로 보도한 것에 대하여 쑨양 선수는 "자신은 박태환 선수를 우상으로 생각하며 경쟁하거나 시기하지 않고 좋아한다."고 불만을 표시했다. 같은 동양인으로 박태환 선수를 보고 도전 받았다고, 박태환 선수를 닮으려 노력하고 있다고 한다. 박태환 선수가 하는 것은 무엇이든지 따라하고 싶고 함께 사진 찍고 대화하고 친해지고 싶다고 솔직한 마음을 숨기지 않았다.

선수 대기실에서 계속 웃으면서 박태환 선수를 바라보다가 박태환선수가 얼굴을 들자 악수를 청하는 동영상 모습을 본 네티즌들이 이를 "쑨양의 박태환 앓이"란 신조어를 탄생시켰다. 박태환 선수가 헤드폰을 끼는 것을 보고 자기도 헤드폰을 끼기 시작했고 똑같은 헤드폰을 샀다고 한다. 좋아하는 음악도 따라 듣고, 박태환 선수와 똑같은 꽃무늬 수영복을 보고 감독에게 자기도 꽃무늬 수영복을 사달라고 했다가 야단맞았지만 광저우 아세안 게임에서 똑같은 수영복을 자랑하고 다녔다.

쑨양 선수는 금년 올림픽에서 박태환 선수를 이겨 금메달을 땄지만 그러나 박태환 선수는 영원한 자신의 우상으로 언제까지나 그를 좋아 할 것이라고, 변치 않을 것이라고 한다. 마치 의 좋은 형과 아우와 같은 이런 모습은 한국 중국 양국 국민들에게 얼마나 감동을 주고 가슴을 따뜻하게 하는지 모른다. 우리나라와 중국과의 관계가 이 두 선수처럼 되었으면 좋겠다는 생각이 든다.

사실 세계인의 스포츠 축제인 올림픽에서 우승하여 금메달을 따는 것이 어렵고 대단한 것이 틀림없다. 그러나 인류가 그토록 집착하고 추구하고 열광해야 할 대상이 스포츠여야만 할까. 스포츠 밖에 없을까. 장미란 선수가 상대편보다 더 무거운 바벨을 들어 올려 승리하는 것이라든지, 100M을 9초에 달려 인간의 한계를 나타내는 것이라든지 42키로 마라톤 코스를 누가 먼저 골인하느냐의 마라톤경주의 우승이 과연 인류가 그토록 모든 것을 다 걸고 추구해야 할 만큼 가치 있는 일일까. 인류는 그보다 더 고귀하고 숭고한 것을 추구하고 꿈꿔야 한다. 더 감동적인 것을 찾아내야 한다. 상대를 배려하고 양보하고 존중하고 섬겨주고 더불어 행복해지는 가슴 따뜻한 세상을 만드는 사람에게 주는 금메달이 있어야 한다. 그런 올림픽이 있어야 한다.

21살의 중국의 쏜양 선수와 한국의 박태환선수가 1등이 되려고 금메달을 다투는 경쟁을 초월하고 국경을 초월하는 아름다운 모습을 보면서 이와 같은 마음가짐과 인간관계가 진정한 올림픽 금메달이 되어야 한다고 생각되었다.

나는 금메달 너는 은메달 이런 경쟁이 아니라 너도 행복하고 나도 행복해 지는 세상이 되어야 한다. 세계 60억 인류가 인종과 국경을 초월하여 화해와 양보 사랑과 긍휼을 나누며 더불어 행복해지는 화합과 섬김과 일치를 이루는 인류공동체를 꿈꿔야 한다. 이런 올림픽을 만들어야 한다.

12. 승리는 최후의 5분

대한민국 육군에서 지정한 공식군가 10곡 중에
「최후의 5분」이라는 군가가 있다.

1. 숨 막히는 고통도 뼈를 깎는 아픔도
승리의 순간까지 버티고 버텨라.
우리가 밀려나면 모두가 쓰러져.
최후의 5분에 승리는 달렸다.

2. 한이 맺힌 원한도 피가 끓는 분노도
사나이 가슴속에 새기고 새겨라.
우리가 물려나면 모든 것 빼앗겨.
최후의 5분에 영광은 달렸다.
(후렴) 적군이 두 손 들고 항복할 때까지
최후의 5분이다. 끝까지 싸워라.

WBC 세계 챔피언전 야구경기에서 9회 말까지 승리를 확신했는데 상대편이 만루 홈런을 쳐 역전패 했다면 얼마나 분할까. 또는 한국, 중국, 일본의 최고수들이 겨루는 국제 바둑 대국에서 처음에는 자신만만했는데 한순간 방심으로 판이 뒤집혀 패배한다면 얼마나 아쉽고 안타까울까. 그러므로 마지막이 중요하다. 결과는 마지막을 보아야 알 수 있는 것이기 때문이다.

사람의 일생동안 승승장구하며 성공에 성공을 거듭하며 세계가 주목하는 큰 인물이 되어 성공한 듯 보인다 할지라도 그 마지막이 리비아의 카다피처럼 된다면 그보다 더 비참한 일은 없을 것이다. 운동경기나 바둑보다 사람의 인생이 훨씬 더 소중한 것이기 때문이다. 나이 드신 부부들에게 만일 다시 태어난다면 지금 배우자와 다시 만나 결혼하시겠습니까?' 라고 물으면 절대로 지금의 남편이나 아내와는 다시 결혼하지 않겠다고 대답하는 분이 더 많다고 한다. 그러면 만일 당신에게 새로운 인생을 허락한다면 지금과 똑같은 삶을 살겠는가? 라고 물으면 '나는 지금과 동일하게 살겠다' 라고 말할 수 있는지 스스로 질문해 보아야 한다.

영국 처칠 수상은 은퇴한 후 "만일 당신이 다시 태어난다면 어떻게 인생을 살고 싶습니까?" 질문했을 때 "지금까지 내가 살아온 길과 똑같은 길을 살아가겠습니다. 나는 꿈을 이루었습니다" 라고 했다. 과연 꿈을 이룬 것만으로 후회 없는 삶이라 할 수 있을까. 가장 불행한 사람은 하나님과의 관계를 맺지 못하고 자기 스스로의 힘을 의지하고 사는 사람이다. 연극에서 주연이 있고 조연이 있는 것처럼 이 세상 사람들 중에는 하나님의 택함받은 사람과 그렇지 않은 사람이 있는데 하나님과 관계를 바로 맺지 못한 사람이 그렇다.

바로왕은 모세를 통하여 하나님의 놀라운 기적을 목격했으나 그 군사들과 함께 홍해 바다에 빠져 죽었고, 유다 총독 벨릭스는 예수님에 대하여 다 알고 있었고 바울을 통해 회개와 구원의 설교를 들었으나 영혼의 구원을 받지 못했다.

두 번째. 하나님의 택함도 받고 축복된 삶을 살면서 하나님을 섬기며 산다고 자부하지만 실상은 하나님의 뜻을 왜곡하여 자기 의지와 현세 이익적인 것에 목적을 두고 복음의 기본 정신과 상반되는 발람이나 사울왕 같은 사람이 있다. 사울왕은 우리의 거울이 되어야 한다. 엘리 제사장도 처음부터 영성이 혼미하고 그 자녀들이 부패하지는 않았다. 그러나 그 비극적인 종말은 우리시대의 거울이 되어야 할 것이다.

14세 때 시력을 잃고 숱한 역경을 겪고 미국 백악관 정책차관보까지 지낸 강영우 박사 이야기를 많은 사람들이 알고 있다. 강 박사는 2011년 10월 췌장암 말기 진단을 받고 2012년 2월 23일 임종을 앞두고 차분하게 세상 떠날 준비를 하면서 국제 로터리재단에 자신의 재산 대부분을 장학금으로 기부했다. 그리고 가족과 함께하며 행복했던 순간을 회고하고 아내와 두 아들에게 사랑과 감사의 마음이 담긴 "함께해서 행복했고 고맙습니다"라는 편지를 남겼다.

이와 같이 마지막이 아름다운 모습을 보여주신 또 한 분이 있다. 1995년 12월 25일 소천하신 장기려 박사님이시다. 북에 두고 온 아내를 그리워하며 재혼을 권유받을 때마다 "결혼은 일평생 한 번 하는 것"이라며 45년이라는 긴 세월을 북에 두고 온 부인에 대한 약속을 지키며 독신으로 사셨다. 그가 쓴 글 '얼마나 많은 밤을 하얗게 샜는지 모른다'에는 이런 글이 있다.

"창문을 두드리는 빗소리가 당신인 듯하여 잠을 깨었소. 그럴 리 없지만 혹시 하는 마음에 달려가 문을 열어 봤으나 그저 캄캄한 어둠 뿐….." 장 박사님은 평생토록 두고 온 가족을 그리워하며 그리스도의 사랑을 실천하면서 올곧은 삶을 사셨다. 자신이 세운 부산복음병원원장, 부산간호대학학장 서울의대교수 등 월급과 수당으로 넉넉한 생활을 하실 수 있었으나 가난한 자들을 도우며 평생 병원 10층 옥상 23평 사택에서 사셨고 임종시 통장에 남아있던 700만원은 가사를 돌보던 도우미에게 주라 하시고 자신의 묘비에 오로지 '주님을 섬기다 간 사람'이란 아홉 글자를 남기라 유언하셨다.

모든 범죄자들은 처음부터 자기가 불행해진다고 생각지 않는다. 도둑질이나 도박, 마약복용도 처음에는 달콤하고 행복해질 것처럼 착각하지만, 모든 죄의 결과는 마지막이 비참해지고 불행해 지는 것이다. 마지막이 불행해지는 것은 죄의 결과이며 자기 자신을 속이는 결과이다.

강영우 박사나 장기려 박사처럼 처음과 마지막이 변함이 없고 오히려 마지막이 더 아름다운 사람이 우리의 모델이 되었으면 좋겠다.

"인생의 종말에 이르러 잘못된 삶을 살아왔다는 것을 깨닫는 것보다 더 불행하고 비참한 일은 없다. 왜냐하면 우리가 살아 야 할 인생은 오직 하나 뿐이기 때문이다." 인생의 마지막을 아름답게 마치는 것이 얼마나 소중한 것인가.

남은 날을 계수하는 지혜를 가져야 한다. 과연 우리의 남은 년 수는 얼마나 될까를 헤아리며 남아있는 기회를 아름답게 마무 리하는 지혜를 가져야 할 것이다.

13. 폭염을 통해 바라본 우주

 매일 지속되는 불볕더위로 국민들 모두가 패닉상태다. 장마철에 소나기를 퍼붓듯 한낮만 되면 뜨거운 열기가 작열하고 있다. 부산, 진주, 여수 등 남해안에서부터 춘천 강릉에 이르기까지 전 국토 곳곳마다 35도 이상 40도에 이르기까지 뜨거운 더위가 맹위를 떨치며 밤이 되어도 열대야가 지속되고 있다. 한낮의 뙤약볕에 3-4분만 쬐여도 피부에 화상을 입을 것이라고 하니 피부노출을 피해야 한다. 거리에 나가면 자동차 에어컨 열기, 상가와 아파트 에어컨 열기가 품어져 나와 도시 전체가 찜질방 불가마와 다름이 없다.

 뜨거운 열기와 폭염은 어디서 시작되는 것일까. 물론 태양이다. 태양에서 뜨거운 열기를 퍼붓고 있는 것이다. 태양의 열기가 얼마나 엄청난지 놀라울 뿐이다.

무더위와 열대야를 느끼면서 태양에 대하여 그리고 우주에 대하여 다시 한 번 생각해 보는 기회가 되었으면 좋겠다.

태양은 태양계 9개 행성의 중심에서 그 빛과 열을 내면서 존재하고 있다. 그 태양으로 말미암아 가장 지대한 영향은 받고 있는 것이 지구일 것이다. 인류가 생존하고 있는 이 땅, 지구는 경이로움과 신비함, 경탄을 자아내는 놀라움 그 자체이다. 표면의 73%인 바다는 맑고 푸른 소금물이고 그 바다위에 6개의 섬들을 형성하고 있다.

2,800년 전 이사야 선지자는 땅을 향하여 『너희 섬들아 내게 들으라. 먼 곳 백성들아 귀를 기울이라.』(이사야 49장 1절,) 『섬들아 내 앞에 잠잠하라 민족들아 힘을 새롭게 하라.』(이사야 41장 1절) 『여호와께서 통치하시니 땅은 즐거워하며 허다한 섬은 기뻐할지어다.』(시편97장 1절) 선지자들이 땅을 '섬들' 이라고 지칭한 것은 지구의 분포를 정확히 인지하고 있었다는 것이다.

지구는 타원형으로 스스로 자전하므로 밀물과 썰물이 있고 이는 지구를 흔들어 물을 정화하고 있는 것이다. 이 지구의 회전운동의 축인 자전축이 조금이라도 이동하거나 변화하면 지구환경과 기후의 엄청난 이변이 발생한다는 것이다. 태양과의 적당한 거리를 유지할 때 생명생존에 가장 적합한 온도가 유지될 수 있고 조화로운 질서를 유지하게 되는 것이다. 바다위의 섬들에는 각기 다른 개성을 지닌 풀과 채소 나무들이 꽃을 피우고 열매를 맺는다. 그 숲속에 수많은 세균과 미생물, 그리고 곤충을 비롯한 들짐승 날짐승들에 이르기까지 각각 신비로운 특성을 지니고 자신의 영역을 살아가고 있다. 바다는 인간이 아직 5%밖에 파악하지 못하고 95%는 미지의 영역이라고 한다.

이와 같이 우주와 모든 생명체는 각기 어떤 지적설계를 내재하고 그 설계에 의하여 질서를 유지하고 공존하고 있는 것이다. 이 모든 것에 대하여 잠시만 발을 멈추고 조금만 깊이 생각하면 신비함과 경이로움의 충만을 인지할 수 있을 것이다.

다시 본론으로 돌아가서 폭염과 지구 온난화의 원인을 살펴보면 첫째. 지나친 화석연료의 사용으로 프레온 메탄가스 농도가 증가하기 때문이며 지구의 허파라고 일컫는 브라질의 열대우림이나 인도네시아의 산림 등을 무차별 벌목하기 때문이기도 하다.

지구온난화의 현상은 여러 가지 모양으로 나타나고 있다. 겨울이 지나 봄이 온줄 알았는데 금방 무더운 여름이 기승을 부린다든지 장마와 폭우가 지나가면 지금처럼 폭염이 지속되다가 가을이 온 것 같더니 금세 추위가 오고 겨울이 되기도 한다. 봄과 가을은 스쳐 지나가는 옷깃처럼 아쉬움을 준다. 지구 온난화가 급속히 진행되어 거대한 얼음덩어리 인간이 생존하기 어려웠던 알래스카나 북극 또는 남극은 빙하가 녹아내려 해수

면이 상승하고 있고 태양열을 가장 많이 흡수하던 바다의 기온
이 상승하여 해파리들이 급속히 증가하고 해수욕장 등 바다환
경이 파괴되고 있다.

둘째. 「지구 극이동」을 살펴보아야 한다. 급격한 지구환경과
기후변화의 원인을 「지구 극이동」이라는 것을 부인하는 과학
자는 없다. 그러나 「지구 극이동」의 현상을 언제 어떤 방식으
로 이동하는지 예측하거나 극이동의 법칙을 찾아낸 과학자도
한명도 없다.
지구 기후변화를 가져오는 원인을 살펴보면 ①지구의 자전축
경사 변동 - 지구 자전축은 수평을 기준으로 동쪽으로 23.5도
기울어져 있으며 지구는 태양을 중심으로 타원형으로 공전하므
로 1년 4계절의 변화를 준다. 이 자전축의 경사각이 22도에서
24.5도 사이를 유지하면서 이동하는데 이 각도에 따라 지구에
입사되는 태양에너지가 달라지고 이것이 지구 기후변화의 영향
을 준다는 것이다. ②타원에서 원형으로 원형에서 타원으로 다
시 바뀌는 지구공전 궤도의 변화 - 주기를 따라 오는 지구 공
전궤도가 원형에서 타원으로 타원에서 원형으로 변하는 과정에
서 태양 에너지 30%가 차이가 난다고 한다. ③주기를 따라 오
는 지구의 세차운동 - 이는 팽이가 돌다가 쓰러질 때 흔들리
는 것과 같은 현상으로 이때에도 기후변화가 심각해 질 것이라
한다.
위의 세 가지 중 한 가지 효과만으로도 빙하기를 가져오기에
충분하다고 하며 만일 세 가지가 중첩되면 지구는 얼음덩어리

가 되어 대 빙하기가 온다는 것이다. 태양과 지구의 거리가 멀어지고 가까워짐에 따라 태양복사 에너지가 변화하여 기후변화에 영향을 주게 된다고 하니 일사량의 변화는 폭염의 원인이 될 수도 있을 것이다.

셋째. 지자기(地磁氣)의 변화와 지극의 이동.— 나침판은 어디서나 일정한 방향을 가리킨다. 이는 지구 자체가 거대한 자석처럼 작용하기 때문이다. 그러나 이 지자기 역시 영원히 동일하지 않고 주기적으로 또는 불규칙적으로 변한다고 한다.

『지자기의 불가사의』3가지는
①지자기의 강도가 균일하지 않고,
②제로에 가까운 때도 있으며
③그 자극이 이동하기도 하며 역전되기도 한다는 것이다.
이는 지구 중심의 '내핵'은 지구와 같은 방향으로 자전하고 있으며 자전속도보다 0.67초 빨라서 내핵이 지난 100년간 지구 표변보다 90도 정도 더 돌아간 상태이며 300년 후에는 지구 표면과 정확히 일치할 것이라 한다. 이는 지구 판구조의 변화로 지구 자기장 형성과 주기적 역전현상을 이해하는 데 도움을 준다고 한다.

지구의 내핵의 이동, 지각의 이동, 자전축의 이동, 자극의 변동 등 여러 측면에서의 분석 접근을 통하여 극이동의 실체에 다가가지만 아직 명확히 밝혀내지 못하고 있다고 한다.

상수리나무 아래에서 도토리를 주워 먹는 멧돼지는 눈을 들어 상수리나무를 올려다 볼 줄 모른다.

21세기 과학문명의 최첨단을 살고 있으면서 폭염이 작열하는 지금 이 폭염이 어디서 왜 이토록 퍼부어 지는지를 그 원인과 미래를 생각하지 않는다면 그리고 이 모든 자연현상의 배후에서 질서를 유지하게 하고 인류생존에 지대한 관심과 배려를 하시는 절대자를 인지하지 않는다면 과연 상수리나무 아래의 멧돼지와 무엇이 다른지 생각해 보아야 할 것이다.

높은데서 바라본 세상

1판 1쇄 인쇄일、2012년 12월

1판 2쇄 인쇄일、2014년 1월

﹒지 은 이 : 박 승 학

﹒발 행 인 : 박 승 학

﹒펴 낸 곳 : 예영출판사

﹒주　　소 : 대전광역시 동구 계족로 328번길-18

﹒주문전화 :　042-320-1191．　042-624-9191

　　　　　　　042-625-0331

　　　　　　　　010-5209-0331　Fax겸용 042-624-9191

．입금계좌 : 농협중앙회 302-0400-9163-91 박승학

　　　　　　우 체 국 310813-02-461323 박승학

　　값 11,000 원

살든지 죽든지 중에서

우리는 누구나 생과 사의 경계선에 서 있다. 삶의 오른편과 죽음의 왼편이 함께 공존하는 그 경계선에서 왼편으로 한 발짝만 헛디디면 죽음의 낭떠러지기로 곤두박질하게 된다.
이 예민한 갈림길에서 양쪽을 모두 명확히 분별할 수 있는 지혜를 가져야 한다.

승리는 최후의 5분 중에서

모든 범죄자들도 처음부터 자기가 불행해 질것이라고 생각지 않는다. 도둑질이나 도박, 마약복용도 처음에는 달콤하고 행복해질 것처럼 착각하지만, 모든 죄의 결과는 마지막이 비참해지고 불행해 지는 것이다. 마지막이 불행해지는 것은 죄의 결과이며 자기 자신을 속이는 결과이다.

믿는 것과 행하는 것 중에서

한국교회의 50년 후, 아니 10년 후의 미래상을 긍정적으로 바라보려면 이제 우리 모두가 정상적 그리스도인의 영성을 회복해야 한다. 마음속에 잔존하고 있는 탐심의 무거운 짐을 십자가 앞에 내려놓고 믿는 것과 행하는 것이 일치하는 그리스도의 형상을 닮아가는 삶이 되어야 한다.

한국교회 찬송가 문제 중에서

괴테의 작품 『파우스트』에서 주인공 파우스트가 회의와 절망 앞에서 독배를 마시려는 순간, 죽음의 공포에 떨고 있는 순간, 『예수 부활하셨네 죽어갈 자에게 기쁨 있으라. 죽음의 권세를 이겨내신 주의 사랑 그 위에 축복 있으라.』라는 성가대의 찬양소리와 교회의 부활절 종소리를 듣게 된다.

파우스트는 교회 종소리와 성가대의 합창소리를 듣는 순간 누군가 그의 어깨에 손을 얹고 『자네는 결코 죽을 필요가 없네! 하나님이 하늘 문을 활짝 열어 주셨다네』하는 구원의 메시지처럼 들렸다. 작품 마지막 부분에서도 악마 메피스토펠레스가 피로 서명한 파우스트의 증서를 제시하며 죽음의 악령들이 그의 영혼을 지옥으로 데려가려 하는 순간 역시 하늘에서 천사들의 찬양소리가 들려오기 시작한다. 이때 악마 메피스토펠레스는 『"어디서 불쾌한 소리가 들려온다!"』하며 신경질적인 반응을 보이고 파우스트를 지옥을 끌고 가려던 악마들은 합창소리에 지옥으로 곤두박질쳐 떨어져 간다.

악마 메피스토펠레스 역시 괴로움에 몸부림치며 『내 머리, 심장이 터질 것만 같구나 지옥의 불보다 더 지독해! 내가 봐도 내 몸에 소름이 끼친다.』라고 민감하게 반응하고 비명을 지르며 괴로워한다. 작품 파우스트에서 찬양 한곡의 영향력은 절망의 위기에서 상상할 수 없는 변화와 기적의 기회로 역전된다.